컴퓨터_계산 도구에서 창조적 도구로

컴퓨터의 시작은 1942년 최초의 전자식 디지털 컴퓨터였던 ABC (Atanasoff–Berry Computer), 1946년 무려 그 무게가 30톤에 달했던 애니악(ENIAC)에서 출발하였다. 이후 1980년대 IBM사의 개인용 컴퓨터가 보급되면서 컴퓨터는 우리의 일상 속에 깊이 파고들고 있다. 컴퓨터의 기능은 갈수록 다양화, 세분화 되어가고 있으며, 컴퓨터가 사용되지 않는 분야가 없다고 해도 과언이 아닐 것이다.

이제 이러한 컴퓨터는 빠른 계산과 문서 작성을 넘어 창조적 도구로 사용되고 있다. 컴퓨터를 창조의 도구로 사용할 수 있는 능력은 4차 산업혁명의 시대가 요구하는 디지털적 소양이 되었다. 특히 예술 분야에서 컴퓨터는 새로운 표현 수단으로 자리잡았다. 그래픽 프로그램에서부터 프로그래밍에 이르기까지 컴퓨터는 붓과 물감을 대신하고 있다.

1960년대 미국 벨 연구소의 연구생이었던 마이클 놀(Mich⋯ 의 프로그래밍 오류로 발생한 '버그(Bug)'에 의한 추⋯ 터의 예술적 창조의 가능성을 발견하게 된다. 이후 컴퓨⋯ 들의 다양한 예술실험의 대상이 되었다.

컴퓨터가 이해할 수 있는 언어로 작성된 코드(Code)를 이용하여 구현된 예술을 가리키는 용어는 프로그래밍 아트, 알고리즘 아트, 제너레이티브 아트, 시스템 아트 등 매우 다양하다. 초기에는 컴퓨터 알고리즘으로 일종의 패턴 이미지를 생성하는 것으로 시작되었지만, 시간이 갈수록 예술가들은 코드라는 명령어들을 이용한 새로운 표현과 그 확장 가능성을 탐구하였다. 예술가들은 직접 고안한 알고리즘을 기반으로, 다양한 변수에 의해 예측하지 못한 작품의 결과를 만들어 내거나, 다양한 물리적 인터페이스를 통해 관객과 상호작용을 꾀한다.

새롭게 등장한 매체가 얼마 후에는 과거의 매체가 될 만큼 빠르게 변화하는 시대 속에서, 예술가들은 언제나 당시의 첨단 과학이나 공학적 기술을 예술에 반영하여 새로운 표현의 수단으로 삼는다. 뿐만 아니라 공학자들은 새로운 기술을 개발하기 위하여 예술에서 그 영감을 얻기도 한다.

이 책에 관하여

저자는 본래 순수미술을 전공하였고, 후에 공학을 전공하였다. 오랜 기간 다양한 그래픽 프로그램을 이용하여 사진이나 영상관련 작업을 했기 때문에, 컴퓨터를 다루는 것에 대한 두려움은 없었다. 그러나 프로그래밍은 아주 다른 이야기였다.

처음에는 C, C++, Python, JAVA와 같이 생소한 언어를 배우는 것도 쉽지 않았지만, 그것을 통해 무엇을 할 수 있는지 막막했다. 낯선 언어들을 이해하고, 이를 이용해서 작품을 구현할 수 있게 되기까지 꽤 긴 시간이 걸렸다.

이 책은 수년간 순수예술, 디자인, 공학 등 다양한 전공의 학생들과 일반인을 대상으로 한 강의를 통해 축적된 결과물이다. 프로그래밍을 처음 시작하는 이들이 가지고 있는 프로그래밍에 대한 막연한 두려움이나 선입견, 그리고 프로그래밍으로 무엇을 할 수 있고 어떻게 활용해야 하는지에 대한 막막함을 해소하는데 작은 도움이 되고자 책을 출간하게 되었다.

컴퓨터는 새로운 표현과 소통의 수단이다. 클래식 음악을 즐기기 위해서는 음악적 언어와 표현에 대한 이해가 필요한 것처럼, 컴퓨터를 이용해 우리의 표현과 소통방법을 확장하기 위해서는 컴퓨터가 이해할 수 있는 언어를 배우는 것은 당연한 일이다.

이 책은 프로그래밍을 처음 접하는 사람들 그리고 프로그래밍으로 창의적인 작품을 구현하고자 하는 사람들을 위해 쓰였다. 이 책에서 다룰 프로세싱이라는 프로그램은 다른 프로그래밍 언어들에 비해 코딩이 매우 간단하고 쉽다. 몇 줄 안 되는 코드도 즉각 시각화 할 수 있다.

프로그래밍에 대한 관심과 필요를 느끼지만, 막연한 두려움 때문에 시작을 망설이고 있다면, 프로세싱으로 시작해보자. 그리고 다양한 활용가능성을 함께 모색해보자.

PROCESSING

코딩의 시작은
프로세싱으로

양재희 저

YD Édition 연두에디션

코딩의 시작은
프로세싱으로

발행일 2019년 1월 25일 초판 1쇄

지은이 양재희

펴낸이 심규남

기 획 염의섭 · 이정선

표 지 이경은 | **본 문** 이경은

펴낸곳 연두에디션

주 소 경기도 고양시 일산동구 동국로 32 동국대학교 산학협력관 608호

등 록 2015년 12월 15일 (제2015-000242호)

전 화 031-932-9896

팩 스 070-8220-5528

ISBN 979-11-88831-18-0

정 가 23,000원

이 책에 대한 의견이나 잘못된 내용에 대한 수정정보는 연두에디션 홈페이지나 이메일로 알려주십시오.
독자님의 의견을 충분히 반영하도록 늘 노력하겠습니다.
홈페이지 www.yundu.co.kr

※ 잘못된 도서는 구입처에서 바꾸어 드립니다.

이 책의 구성

이 책은 자바(JAVA)언어에 바탕을 둔 '프로세싱(Processing)' 프로그램을 이용하여 코드의 작성 및 이를 시각화하고, 마우스나 키보드 등의 입력도구를 통해 상호작용이 가능한 이미지를 구현하는 방법을 소개한다.

책은 크게 2개의 Part로 구성되어 있다. Part 1은 총 17개의 챕터로 이루어져 있으며, 각 챕터에는 프로세싱 및 코드 작성에 대한 기본적인 내용과, 이를 응용할 수 있는 다양한 예제들로 구성되어 있다. 또한 심화학습에서는 챕터의 내용과 관련된 프로그래밍 문법이나 기타 내용들을 깊이 있게 다루었다.

Part 2에서는 Part 1의 내용을 바탕으로 구현된 예제 작품들이 수록되어 있다. 난이도 별로 구성된 13개의 작품들은 Part 1 에서 다룬 내용 외에도 미처 다루지 못한 함수나 라이브러리를 이용한 예제들이다. 이 책에서 프로세싱으로 구현할 수 있는 것을 모두 다룰 수는 없지만, 예제들을 통해서 몇 가지의 방향을 제안하고자 하였다. Part 2의 작품 예제들은 코드의 주요 부분을 중심으로 설명하였다. 작품 전체 코드는 https://cafe.naver.com/artprocessing 을 참고하기 바란다.

또한 코드에 대한 에러나 오타, 프로세싱에 관련된 질문은 저자의 이메일 mediaarchitecture1@gmail.com으로 주기 바란다.

프로세싱이란

우리가 이 책에서 다룰 프로세싱(Processing) 프로그램은 1990년대 MIT 미디어랩의 존 마에다(John Maeda) 교수가 개발한 Design by Numbers(DBN) 프로젝트를 기반으로, 2000년대 초반 마에다 교수의 제자 벤 프라이(Ben Fry)와 케시 리아스(Casey Reas)에 의해 만들어졌다. DBN는 프로그래밍에 대한 기술적 기반이 없는 사람들이 쉽게 프로그래밍을 배우고, 이를 통해 뉴미디어 인터랙션 작업을 할 수 있도록 하는 것이었다고 한다. 프로세싱은 그러한 DBN 프로젝트의 목적을 계승하고 있다고 할 수 있다.

프로세싱은 프로그래머가 아닌 일반 사람들이나 예술가들이 쉽게 사용할 수 있도록 개발된 프로그래밍 언어이자 통합개발환경(IDE, Integrated Development Environment)이다. 이러한 프로세싱을 이용하여 드로잉, 게임, 애니메이션 및 인터랙티브 그래픽 등을 구현할 수 있으며, 키넥트(Kinect), 아두이노(Arduino) 마이크로 컨트롤러와 같은 다른 시스템과 결합하여 표현의 범위를 확장할 수 있다.

프로세싱의 장점은 무료로 프로그램을 다운받고, 다양한 오픈소스를 자유롭게 활용할 수 있다는 점이다. 또한 다른 언어에 비해 프로그래밍 언어를 배우고 이를 시각화 하는데 필요한 시간이 짧으며, 단 몇 줄 만으로도 프로그램을 만들어 이를 즉각적으로 시각화 할 수 있다는 것이다.

따라서 처음 프로그래밍을 시작하고자 하는 사람들에게 매우 적합한 언어이자 프로그램이라 할 수 있다.

참고 사이트

프로세싱 관련

- 프로세싱 포럼   https://discourse.processing.org

  프로세싱 프로그램 및 개발에 관련된 다양한 질문과 답변을 주고 받을 수 있는 논의의 장이다.

- 오픈 프로세싱   https://www.openprocessing.org

  예술가, 디자이너, 교육자 및 코딩을 하는 일반인들이 각자의 작품을 업로드 하여 온라인에 전시할 수 있는 커뮤니티 사이트이다. 다양한 작품을 볼 수 있을 뿐 아니라, 작성한 코드도 공개되어 있어 프로세싱을 시작하는 초보자들에게 많은 참고가 될 수 있다.

- 다니엘 쉬프만   Daniel Shiffman   https://shiffman.net

  뉴욕대(NYU) 아트 스쿨인 Tisch School of the Arts에서 ITP(Interactive Telecommunications Program)의 교수로 재직 중인 다니엘 쉬프만은 프로세싱에 대한 지침서들과 라이브러리를 개발하고 있다. 해당 사이트에 방문하면 그의 저서와 프로세싱에 관련된 유튜브 강의들을 볼 수 있다.

프로그래밍 아트 관련

- 마이클 놀^{Michael Noll}   http://noll.uscannenberg.org

  시각 예술 및 입체 애니메이션에서 디지털 컴퓨터를 사용한 초기 개척자 중 하나이다. 그가 컴퓨터 예술에 대해 발표한 많은 논문과 작품들을 볼 수 있다.

- 만프레드 모어^{Manfred Mohr}   https://www.emohr.com

  초기 컴퓨터 아티스트들은 대부분 프로그래머였지만, 모어는 추상표현주의 작가이자 재즈 뮤지션이었다. 따라서 자기만의 스타일을 가지고 예술가의 관점에서 수학적 세계를 그려냈다. 해당 사이트에서는 만프레드 모어의 다양한 작품들을 볼 수 있다.

  (* 이전엔 작동되었던 해당 사이트가 이 책을 집필 중이었던 2018년 10월 확인 결과, 사이트 연결이 되고 있지 않았다. 따라서 https://www.artsy.net/artist/manfred-mohr 및 http://dada.compart-bremen.de/item/agent/13fmf 참고하기 바란다.)

- 존 마에다^{John Maeda}   http://maedastudio.com

  로드아일랜드 스쿨 오브 디자인(Rhode Island School of Design)의 전 총장이자 예술가, 컴퓨터 과학자인 존 마에다의 책, 유튜브 및 테드(TED) 강연 그리고 그가 진행하는 다양한 프로젝트들이 소개되어 있다. 예술, 디자인 및 기술 그리고 이에 기반을 둔 창의적인 리더십에 대한 그의 철학을 엿볼 수 있다.

- 케시 리아스^{Casy Reas} http://reas.com
  프로세싱 개발자인 케시 리아스의 다양한 프로그래밍 아트 작품들을 볼
  수 있다.

이것만은 알고 가자.

프로세싱을 시작하기 전에 아래의 용어에 대한 개념을 정확히 알고 가자.

1. 프로그래밍 언어(Programming Language)

기계(컴퓨터)에게 명령과 연산을 시키기 위해서, 기계와 인간이 서로 소통
을 가능하게 하는 언어이다. 이 언어를 통해 인간은 컴퓨터에게 일을 시키
는 명령어들의 집합체인 프로그램을 작성할 수 있다. 프로그래밍 언어를
저급 언어(Low-Level Language)와 고급 언어(High- Level Language)
로 구분할 때, 고급 언어로 갈수록 인간이 이해하기 쉽다. 프로그래밍 언어
의 종류는 상당히 많으나, 그 중 대표적으로 자바, 파이썬, 자바스크립트,
C++, C#, PHP, 펄 등을 들 수 있다. 많은 프로그래밍 언어 중 어떤 언어를
배워야 할 것인가는 프로그래밍 언어를 배워서 무엇을 할지에 따라 선택해
야하는 언어가 달라진다.

2. 프로그래밍(Programming)

특정한 목적을 가지고 이에 적합한 프로그래밍 언어를 이용해서 컴퓨터에
서 작동할 수 있는 구체적인 프로그램을 구현하는 것이다.

3. 코딩(Coding)

일반적으로 프로그래밍과 코딩은 같은 의미로 사용된다. 그러나 프로그래
밍과 구분을 하자면, 코딩이란 부호로 바꾸는 것 즉 우리가 생각하고 의도
하는 바를 코드(code)로 옮기는 것을 뜻한다. 코딩이 '작성하는 행위'에 중
점을 둔다면, 프로그래밍은 코드를 효율적으로 구성하는 것을 의미한다.

4. 알고리즘(Algorithm)

문제를 해결하기 위해 명령들로 구성된 순서적인 절차를 말한다. 알고리즘
은 프로그램을 작성하기 위한 기초라 할 수 있으며, 이러한 알고리즘을 알
기 쉽게 기호와 그림으로 이루어진 순서도로 표현하기도 한다.

5. 오픈소스(Open Source)

무상으로 공개하여 누구나 자유롭게 사용하고, 수정하여 재배포 할 수 있
도록 한 소스코드 또는 소프트웨어이다. 프로세싱은 대표적인 오픈소스 프
로그래밍 언어이다.

강 의 계 획 표

이 책은 한 학기 분량으로 강의를 진행할 경우, 한 학기를 16주로 가정하여 다음과 같이 진행할 수 있다. 기본적으로 각 장 별로 1주씩 진행되며, 주요 학습내용은 다음과 같다.

주차	챕터	주요 학습내용
1주	Chapter 1 프로세싱 준비하기	• 프로그래밍, 프로그래밍 언어의 이해 • 프로세싱 설치 및 문법들
2주	Chapter 2 기본도형으로 시작하기	• 함수와 파라메터의 이해 • 도형을 그리기 위한 다양한 함수
3주	Chapter 3 색상의 표현	• 색상을 적용하는 방법 • 다양한 색상모델의 이해
4주	Chapter 4 반복적 형태를 위한 규칙 디자인	• for, while 구문의 이해
	Chapter 5 조건의 설계	• 프로그램 실행 순서의 이해 • If 구문 및 if 구문의 확장
5주	Chapter 6 무작위성 더하기	• 난수의 개념 이해 • random()함수와 noise()함수
6주	Chapter 7 이미지에 움직임을	• 프로세싱의 정적, 동적구조의 이해 • 움직임을 구현하기 위한 다양한 방법들
7주	Chapter 8 다양한 변환	• 변환의 의미 • 좌표축의 이동, 회전 및 스케일 변환
8주	중간고사	
9주	Chapter 9 내가 만든 함수로 그리기	• 내장 함수 및 사용자 정의 함수의 이해 • 사용자 정의 함수를 활용하여 프로그램 구현
10주	Chapter 10 타이포그래피 및 모션	• 폰트 사용, 추가 및 다양한 속성 설정 • 텍스트 애니메이션 구현

주차	챕터	주요 학습내용
11주	Chapter 11 인터랙션	• 물리적 입력장치(마우스, 키보드)에 의한 인터랙션 • 이벤트(Events)개념의 이해 • 마우스 및 키보드 변수와 함수의 차이점 이해
12주	Chapter 12 객체지향	• 객체, 객체지향 프로그래밍의 이해 • 클래스, 객체의 개념 및 관계 이해 • 객체지향 프로그램 구현
13주	Chapter 13 이미지 디스플레이 및 효과 적용	• 이미지 디스플레이 • 다양한 필터, 합성효과 • 이미지 프로세싱(Image Processing)의 이해
14주	Chapter 14 비디오의 활용	• 비디오 파일의 재생 • 실시간 카메라 영상 디스플레이 • 컴퓨터 비전의 이해 • OpenCV라이브러리를 이용한 인터랙티브 작품 구현
15주	Chapter 15 사운드 재생과 시각화	• 사운드의 재생 방법 및 시각화 구현
	Chapter 16 그래픽 유저 인터페이스	• GUI의 다양한 요소 구현
	Chapter 17 다양한 형태의 출력	• 다양한 출력형식과 방법
16주	기말고사	

CONTENTS

PART

1

>>>>>>>

프레젠테이션 기본기 익히기

CHAPTER

1

프로세싱 준비하기

새로운 제품을 구입하게 되면, 설명서를 통해 제품에 대한 기능과 사용방법을 익히듯이, 1장에서는 프로세싱의 설치에서부터 개발환경 및 프로그래밍 문법등 반드시 알아두어야 할 내용들에 대해 살펴보고자 한다. 이를 잘 이해하고 숙지한다면 프로세싱을 사용하는데 큰 어려움은 없을 것이다.

프로그래밍에 대한 두려움은 떨쳐버리고, 새로운 세계에 문을 열고 들어가듯, 호기심을 가지고 시작해보자.

1.1 프로그램 설치하기 Program Installation

먼저 프로그램을 설치해보자. 프로세싱은 공식 사이트에서 무료로 다운받을 수 있다.

https://processing.org

사이트 왼쪽 메뉴의 Download를 선택하고, 자신이 사용하고 있는 운영체제에 맞게 프로그램을 다운받는다. 프로세싱은 보는 바와 같이 윈도우, 리눅스 및 맥 운영체제에서 사용할 수 있다.

> 윈도우의 경우, 자신이 사용하는 컴퓨터 운영체제가 몇 비트인지 알고자 할 때에는 제어판 → 시스템 또는 내컴퓨터 → 마우스 우클릭 → 속성에서 확인할 수 있다.

일반적으로 프로세싱을 다운받아 압축을 풀면, 아래의 그림과 같이 '다운로드' 폴더에 (.exe) 파일이 저장되며, '문서' 폴더에도 프로세싱 폴더가 생성된다. 만약 프로세싱에서 코드를 작성한 후 저장을 하면, 바로 이 '문서' 폴더 안에 저장된다.

맥(Mac)의 경우에는 (.dmg) 파일이 저장되며, 프로세싱 아이콘을 응용프로그램 폴더로 드래그하면 된다. 작성한 코드는 도큐먼트(document)에 저장된다.

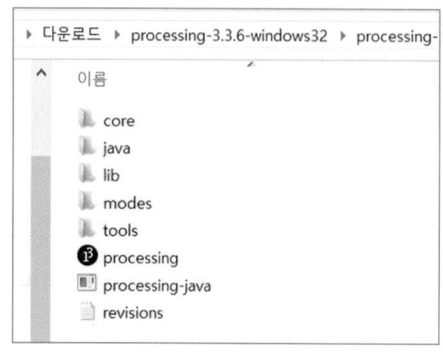 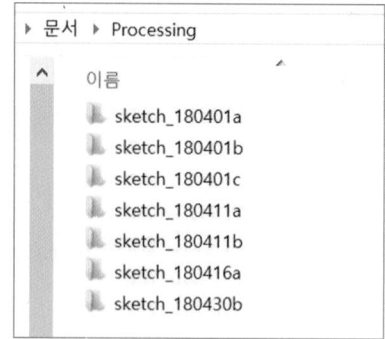

다운로드 폴더   문서 > processing 폴더에 저장된
                                              스케치 폴더들

코드를 작성한 후, 파일을 저장하면 'sketch_년 월 일 알파벳' 형태로 폴더
가 생성되고, 폴더 안에 동일한 이름의 스케치 파일이 저장된다. 프로세싱
파일의 확장자는(.pde)이다.

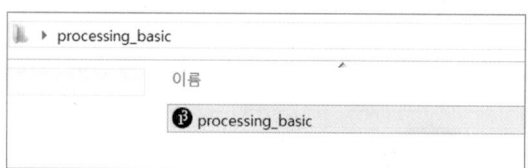

폴더와 스케치 파일의 이름이 동일하게 지정

1.2 프로세싱 개발환경Processing Development Environment

프로세싱을 실행하면 다음과 같은 창이 뜬다. 이를 프로세싱 개발환경(PDE)
이라고 하며, 간단히 스케치 창(sketch window)이라고도 한다. 스케치라
는 말의 뜻처럼 마치 스케치북에 그림을 그리듯 코드를 작성하여 다양한
이미지를 구현한다는 것이다.

스케치 창은 다음과 같이 구성되어 있다. 스케치 창에 코드를 작성한 후,
실행버튼을 누르면 내부적으로 코드를 작성한 다음 실행버튼을 클릭하면
내부적으로 컴파일(compile) 과정을 거친다. 그러면 아래의 그림과 같이
디스플레이 창에 코드가 시각화되어 나타난다.

주요 화면 구성과 기능을 살펴보도록 하자.

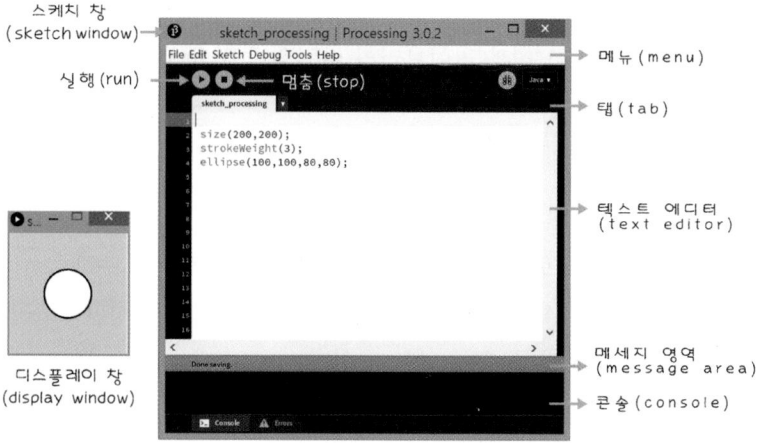

스케치 창
(sketch window)

실행 (run)

디스플레이 창
(display window)

메뉴 (menu)

탭 (tab)

텍스트 에디터
(text editor)

메세지 영역
(message area)

콘솔 (console)

프로세싱 인터페이스

화면 구성

- 실행(run): 작성한 코드를 실행한다.

- 멈춤(stop): 실행 중인 프로그램을 멈춘다. 프로그램 실행을 멈추고자 할 때는 디스플레이 창의 '닫기' 버튼 보다는 이 멈춤 버튼을 사용하자.

- 텍스트 에디터(text editor): 코드를 작성하는 영역이다.

- 메시지 영역(message area): 코드에 문제가 있을 경우, 에러 메세지가 표시된다.

- 콘솔(console): 특정한 텍스트를 출력하는 프로그램일 경우, 이 콘솔 창에 출력된다.

메뉴(menu)

- 파일(File): 파일 열기와 저장, 출력에 대한 메뉴가 있다. 또한 예제 (example) 메뉴에서는 프로세싱의 다양한 예제코드를 자유롭게 실행해 볼 수 있다. 환경설정(preference) 메뉴에서는 파일이 저장되는 위치, 텍스트 에디터에 입력되는 글자의 폰트 사이즈 설정 및 프로세싱 인터페이스에 표시되는 언어를 설정할 수 있다.

- 편집(Edit): 복사, 붙여넣기, 잘라내기 그리고 주석처리 및 해제, 들여 쓰기(indent) 등 코드 작성과 편집에 관련된 메뉴들이 있다.

  자동 포맷(Auto format)을 선택하면 작성한 코드들이 자동으로 들여 쓰기 되어, 코드의 위계에 맞게 정렬된다.

- 스케치(Sketch): 코드 실행과 멈춤, 그리고 파일을 추가할 수 있는 메뉴가 있다. 또한 내부 라이브러리 가져오기 및 외부 라이브러리를 추가할 수 있다.
- 디버그(Debug): 디버그 메뉴를 선택하면 창이 뜨고, 코드를 한 줄씩 오류 검사를 한다.
- 도구(Tools): 프로세싱의 기본 폰트 외에 다른 폰트를 추가로 생성할 수 있다. 또한 색상 선택 및 색상 값 정보, 그리고 작성한 코드를 동영상으로 저장할 수 있는 메뉴가 있다.
- 도움말(Help): 프로세싱에 대한 기본적인 정보, 사이트 및 사이트 내의 참조(Reference) 페이지로 이동할 수 있다.

1.3 프로세싱의 좌표 시스템 Coordinate System

화면에 어떠한 도형을 그리기 위해서는 도형의 위치, 넓이, 높이 등을 명시해야 하는데, 이때 좌표상의 위치가 필요하다. 우리가 수학시간에 배웠던 좌표 시스템은 X축과 Y축이 직각으로 만나는 점을 원점(0,0)으로 하는 직교 좌표계(Rectangular Coordinate System) 또는 데카르트 좌표계(Cartesian Coordinate System)였다. 그러나 프로세싱의 좌표계는 화면의 왼쪽 상단 모서리를 원점(0,0)으로 하여, 가로방향을 X축, 세로방향을 Y축으로 하는 픽셀 좌표계(Pixel Image Coordiate System)를 사용하며, 이를 영상 좌표계(Image Coordinate System)라고도 한다. 영상좌표계는 왼쪽 상난을 중심으로 오른쪽으로 살수록 x값이 증가하고, 아래쪽으로 갈수록 y값이 증가한다.

프로세싱의 좌표 시스템은 다음과 같다.

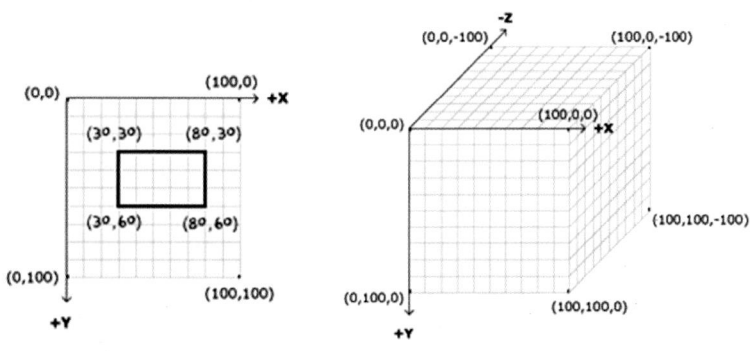

프로세싱의 좌표 시스템(2D,3D)

1.4 프로세싱의 기본 문법들^{Syntax}

1 함수의 사용

```
ellipse(50, 50, 20, 20);
        strokeWeight(3);
```

위의 두 줄은 원과 원의 외곽선을 그리기 위한 코드이다. 이와 같은 특정한 동작을 수행하는 것을 함수(function)라 한다.

함수는 프로그래밍의 시작이라고 할 수 있다. 이 함수들을 사용하기 위해서는 정해진 문법을 지켜야 한다.

일반적으로 함수명은 소문자로 나타낸다. 단 위의 두 번째 함수처럼 두 단어가 결합된 경우(stroke+weight), 두 번째 단어의 첫 글자는 대문자로 써준다. 즉 대문자와 소문자에 유의해서 작성해야 한다. 또한 함수의 끝부분에는 '하나의 구문이 끝났음'을 뜻하는 세미콜론(;)을 반드시 붙여주어야 한다.

또한 함수가 특정 명령을 수행하기 위해서는 반드시 필요한 값들이 있는데, 이 값들을 함수 다음의 괄호 안에 명시해 주어야 한다. 이를 매개변수(parameter)라 하며, 각 매개변수는 콤마(,)로 구분한다. 이러한 매개변수는 함수마다 필요한 개수 및 의미하는 바가 다르다는 것에 유의하자.

> 매개변수에 대한 자세한 설명은 2장을 참고하기 바란다.

함수를 정해진 문법대로 잘 작성했다면, 함수명이 파란색으로 표시된다. 그러나 정확하게 입력하지 않았다면, 아래의 그림과 같이 해당 내용에 빨간 밑줄이 그어지고, 메시지 창에 에러 메세지가 뜬다. (*함수, 변수, 매개변수 등을 정확하게 작성했을 경우, 각각 특정한 색상으로 표기된다.)

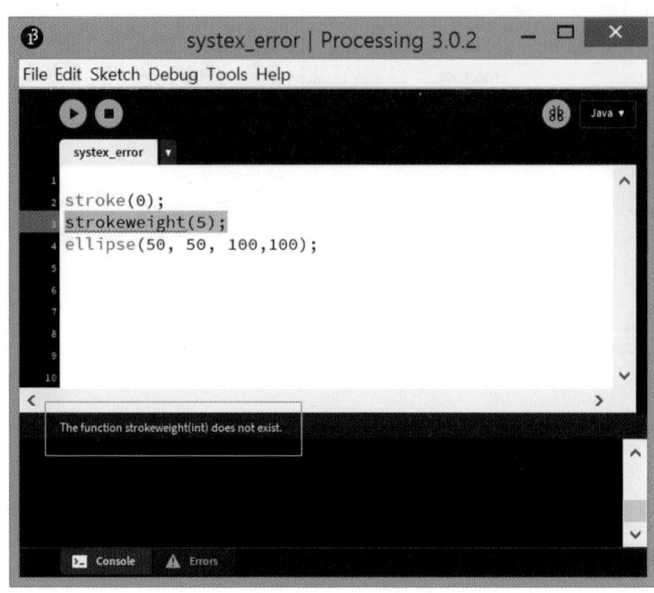

문법 오류에 따른 에러 메세지

'The function strokeweight(int) does not exist.'

에러 메시지를 해석해보면 'strokeweight라는 함수는 존재하지 않는다' 라는 내용임을 알 수 있다. 즉 함수 명을 W가 아닌 w로 작성했기 때문에, 프로세싱은 그러한 함수를 이해하지 못한다는 것이다.

이와 같이 코드를 작성하다가 에러 메시지가 뜬다면 겁을 내지 말고 메시지 내용을 잘 읽어보자. 대부분 어떠한 에러가 났는지 짐작할 수 있다.

✏️ 사용하고자 하는 함수에 대해 자세히 알고 싶을 때에는, 함수를 선택한 상태에서 마우스 우클릭을 하고, 풀다운 메뉴에서 참조에서 찾기(Find in Reference)를 선택한다. 그러면 프로세싱 사이트 내의 참조(reference) 페이지로 이동하여 해당함수에 대한 자세한 설명과 예제를 볼 수 있다.

2 줄 바꿈, 띄어쓰기

프로세싱은 대소문자, 콤마, 세미콜론, 괄호 등에 매우 민감하지만, 줄 바
꿈이나 띄어쓰기에는 관대한 편이다. 다음과 같이 코드를 작성해보자.

```
stroke(0);
strokeWeight(3);
ellipse(50, 50, 20, 20);
```

```
stroke(0);strokeWeight(3);ellipse(50, 50, 20, 20);
```

오른쪽 코드는 왼쪽 코드를 한 줄로 작성한 것이다. 이 두 가지 코드는 같
은 결과를 나타내며, 에러 메시지도 뜨지 않는다. 그렇지만 오른쪽 코드는
왼쪽에 비해서 가독성이 떨어진다.

아래의 코드는 매개변수 간의 띄어쓰기 간격을 매우 넓게 주었다. 그러나
코드는 정상적으로 실행된다.

```
 ellipse(50,        50,       20,       20);
```

단 함수 명에 공백이 있어서는 안 된다.

```
 e     llipse(50, 50, 20, 20);
```

줄 바꿈을 하지 않거나, 띄어쓰기 간격을 넓게 한다 해도 코드 실행이나 결
과에 문제가 되지는 않는다. 그러나 길고 복잡한 코드를 작성하게 될 경우
에는, 코드의 길이와 가독성이 매우 중요하므로, 불필요한 줄 바꿈이나 띄
어쓰기를 하지 않는 것이 좋다.

3 프로그램의 실행순서

프로그램은 일반적으로 위에서 부터 아래로 순차적으로 실행된다. 아래의
코드는 가장 먼저 원, 그리고 사각형, 삼각형 순으로 도형을 그린다.

프로그램의 실행 순서에 따라 색채우기 함수 fill( )에 의한 색상 적용은 그
다음에 오는 삼각형(triangle)에만 적용된다.

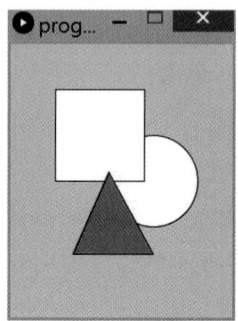

```
ellipse(50, 50, 20, 20);              // 원 그리기
rect(30, 30, 50, 50);                 // 사각형 그리기
fill(255, 120, 45);                   // 주황색으로 채우기
triangle(100, 100, 50, 50, 30, 30);   // 삼각형 그리기
```

4 주석(comment)

앞서 언급한 것처럼 대·소문자 구별, 콤마, 세미콜론 붙이기 등 코드작성
문법은 매우 엄격하고 예민한 듯하다. 그러나 흥미롭게도 프로그램은 두
개의 슬레시(slash, //) 뒤에 오는 내용이나, /* 와 */ 사이에는 어떠한 내용
이 와도 알아채지 못한다. 우리는 이 점을 매우 유용하게 사용할 수 있다.

일단 아래의 예를 보자. 프로그램 맨 앞부분에는 /* 와 */를 사용하여 프
로그램의 제목, 작성 연월, 그리고 프로그램 작성자 이름 등을 표기하였다.
또한 코드 중간 중간에 두개의 슬래시를 통해 코드에 대한 설명을 작성하
였다. 이를 '주석(comment)' 이라고 한다.

주석은 한 줄 작성 시에는 두 개의 슬래시, 여러 줄을 작성할 때에는 슬래
시와 별표를 함께 사용하면 된다.

```
/* circle_rect_drawing
       2018.03
        Yang        */


size(300, 300);                    // 창 사이즈
fill(242, 204, 47);
ellipse(87, 86, 150, 150);         // 노란색 원

fill(174, 221, 60);
ellipse(110, 110, 150, 150);       // 녹색 원

fill(116, 193, 206);
rect (150, 150, 120, 120);         // 파란색 원
```

즉 프로그램을 작성할 때, 프로그램 맨 앞부분에 프로그램에 대한 간략한 설명, 작성날짜 및 작성자에 대한 정보를 기입하고, 중요한 부분에 주석을 달아주면, 코드를 보다 논리정연하게 구성하고 정리하는데 도움이 될 수 있다.

뿐만 아니라 시간이 지나 프로그램을 다시 열어보거나, 협업을 하는 과정에서 다른 사람과 프로그램을 공유해야 할 경우, 프로그램 구성과 내용을 빠르게 파악할 수 있다. 따라서 주석 달기를 습관화 하는 것이 좋다.

주석의 또 다른 활용은 바로 코드를 주석으로 처리하여 비활성화 시킴으로써, 나머지 코드의 실행을 확인할 수 있다.

이를 포토샵 프로그램에 비유한다면, 레이어 팔레트에서 작업에 관계없는 레이어들을 잠시 꺼두는 눈 아이콘의 기능과 같다고 생각하면 이해하기 쉬울 것이다.

코드 확인이 끝나면 주석을 다시 해제하면 된다.

```
size(300, 250);
background(0);

fill(250, 130, 55);
noStroke();
ellipse(200, 120, 130, 130);

fill(40, 140, 200);
noStroke();
ellipse(205, 80, 15, 15);
ellipse(180, 130, 10, 10);

//fill(150, 25, 190);
//ellipse(140, 100, 50, 50);
//ellipse(120, 105, 40, 40);
//ellipse(100, 105, 30, 30);
```

🖉 여러 줄의 코드를 한꺼
번에 주석처리하거나
해제할 경우, 단축키 ctrl+/
를 사용하면 편리하다. 맥
은 cmd+/ 이다.

5 디버그의 의미와 방법

프로그래밍을 처음 시작할 때에는 대·소문자의 오류, 철자 오류, 세미콜
론 누락 등 매우 간단한 오류들을 범하게 된다. 그러나 코드의 길이가 점점
길어질수록 많은 문법적 오류를 범할 수 있다. 디버그(debug)는 프로그램
의 오류를 발견하고 오류를 수정하는 것을 말하며, 이러한 과정을 디버깅
(debugging)이라 한다.

만약 프로그램에 오류가 나면 메시지 영역에 뜨는 에러 메세지를 통해 오
류의 원인을 파악하고 수정할 수 있다.

그러나 또 다른 방법은 바로 'println()'함수를 이용할 수 있다. println()함
수는 print line을 의미하며, 괄호 속의 내용이나 값을 콘솔 창에 출력해주
는 함수이다. println()함수를 사용하면 프로그램의 실행 순서나 과정을 확
인할 수 있고, 의도한 대로 프로그램이 작동하는지 알 수 있으므로, 문제가
있는 부분 또는 문제의 단서를 찾는데 도움을 얻을 수 있다.

아래의 그림은 println()함수를 이용해서 a,b,c,d,에 해당하는 값이 콘솔 창
에 출력되도록 한 예이다.

println()함수와 출력내용

1.5 프로세싱 사이트의 활용

우리가 처음 프로세싱을 다운받았던 프로세싱 사이트로 돌아가보자. 사이트의 메인화면 왼쪽에는 다양한 카테고리들이 있는데, 이것을 잘 활용하면 프로세싱을 익히는데 많은 도움을 얻을 수 있다.(필자가 프로세싱을 처음 배우던 시절, 코드를 작성할 때 반드시 프로세싱 사이트를 함께 열어두고, 참고하며 공부했던 기억이 난다.)

여러 가지 카테고리 중, 'Exhibition'에는 프로세싱을 활용한 다양한 프로젝트들이 전시되어 있다. 또한 프로세싱을 시작하는 단계에서 가장 많이 참고하게 되는 'Reference'는 다양한 함수들에 대한 자세한 설명과 예제들, 그리고 관련 함수들을 볼 수 있다.

'Tutorial'은 프로세싱 전문가의 온라인 강의를 제공한다. 영어로 된 설명이지만, 몇 번 반복해서 보다보면 어느 정도 이해할 수 있다. 또한 'Forum'은 프로세싱에 대한 다양한 질문들을 자유롭게 올리고 서로 답을 달아주는 토론의 장이라 할 수 있다. 많은 프로세싱 사용자들이 비슷한 질문들을 가지고 있다는 것을 발견할 수 있고, 또한 댓글을 통해 궁금증이나 문제를 해결할 수 있다.

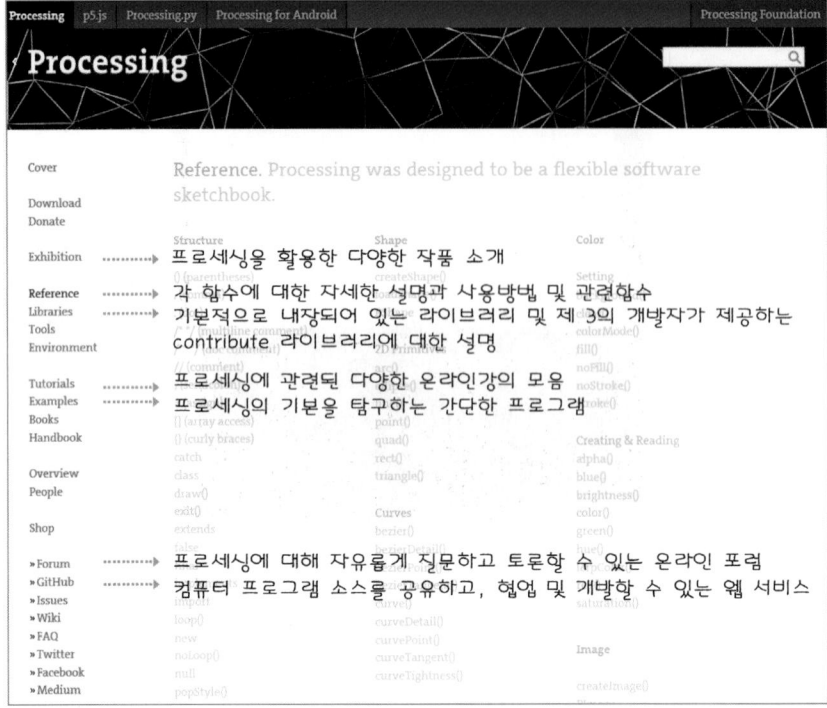

사이트의 활용

앞에서 언급했던 'Reference' 페이지를 자세히 살펴보면, 수많은 함수들이
종류별로 분류되어 있다.

참조(Reference)페이지의 다양한 함수들

그 중 한 가지 함수를 선택하면 다음과 같은 내용을 볼 수 있다. 먼저 함수
이름, 함수를 활용한 예제코드, 함수에 대한 설명 그리고 문법 및 함수 작
동에 필요한 매개변수에 대한 설명 및 관계된 함수들까지 많은 정보들을
얻을 수 있다.

Reference 페이지에 있는 함수가 매우 많기 때문에, 원하는 함수를 좀 더
쉽게 찾기 위해서는 화면 우측 상단의 검색 창을 이용하면 보다 빨리 함수
에 대한 내용을 찾을 수 있다.

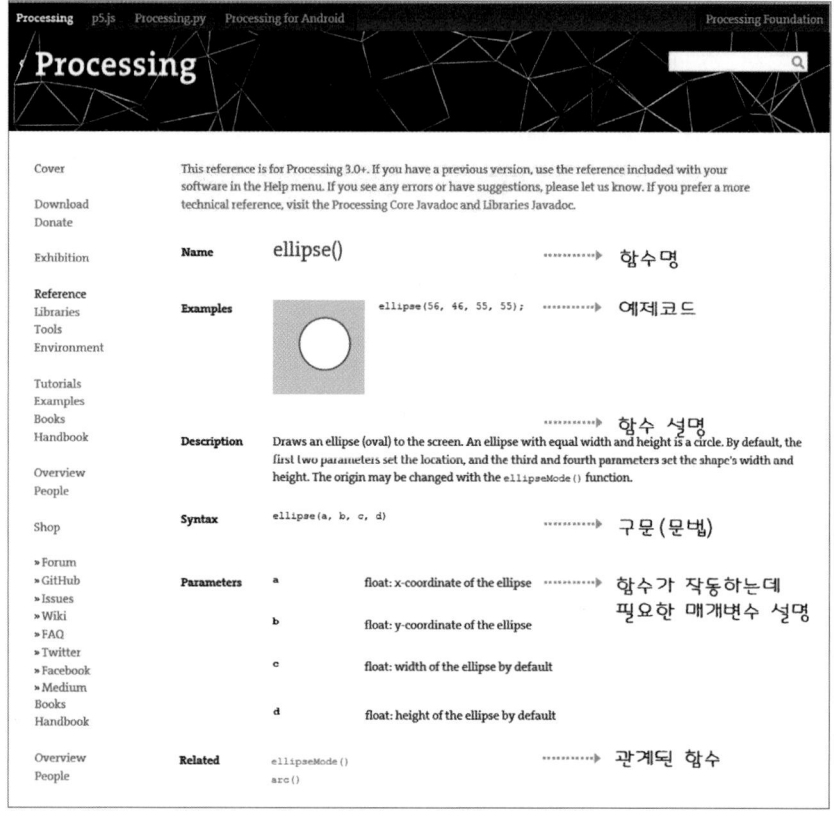

함수설명 페이지

1.6 오픈 소스의 활용

프로세싱 스케치 창의 메뉴의 파일(File) → 예제(Example)에는 다음과 같이 다양한 예제들이 있다. 이 예제들은 주제별로 분류되어 있고, 자유롭게 실행해 볼 수 있어서 코드 작성에 도움을 받을 수 있다.

뿐만 아니라 'Add Example'을 클릭하면, 오픈 소스들을 추가적으로 다운로드 받을 수 있다.

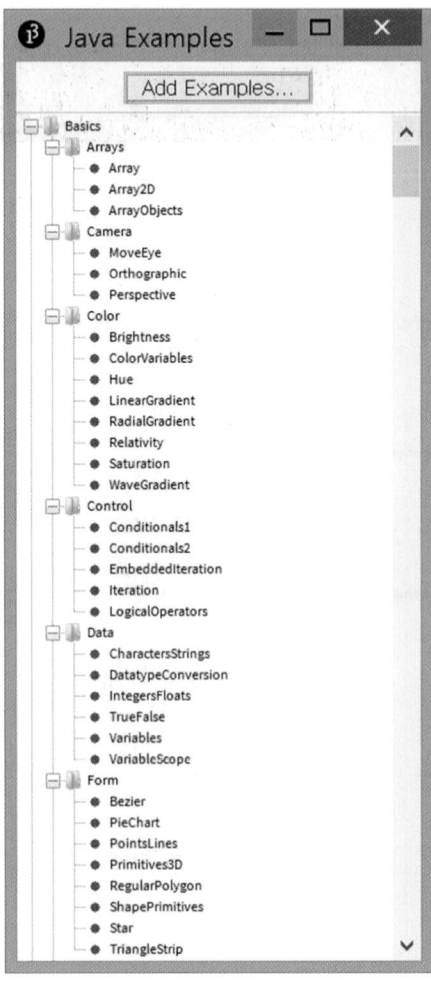

2

기본도형부터 시작하기

Abstract

프로세싱을 시작하기 위한 기본적인 내용들을 숙지했다면, 본격적으로 프로세싱을 시작해보자.

프로세싱은 매우 직관적인 그래픽 툴이기 때문에, 작성한 코드를 바로 시각화 해 볼 수 있다는 것이 특징이다. 또한 다른 컴퓨터 언어나 프로그램들에 비해 코드 구현이 매우 간단하고 쉽다.

이러한 프로세싱을 사용하여 화려한 그래픽 이미지나 움직임이 있는 애니메이션, 나아가 다양한 입력 장치를 통해 상호작용할 수 있는 인터랙티브 그래픽을 구현할 수 있다.

기본 도형에서부터 시작하여 멋진 이미지를 구현할 수 있는 날이 빨리 오기를 바라며 기대감을 가지고 시작해보자!

2.1 도형을 그리기 위한 함수들

프로세싱에서는 다양한 도형들을 그리기 위한 함수들이 있다. 또한 이 도형에 외곽선, 외곽선의 두께, 색상 등의 속성을 적용할 수 있다. 이렇게 프로그램에서 기본적으로 제공하는 함수를 내장 함수(built-in function)라 한다. 우리는 이러한 함수들을 이용해서 다양한 이미지를 그릴 수 있다.

그 외 사용자의 필요에 의해서 만들어진 함수를 사용자 정의 함수(user-defined function)라 한다.

아래의 예제는 다음과 같은 그림을 그리기 위하여 단 6줄로 작성된 프로그램이다.

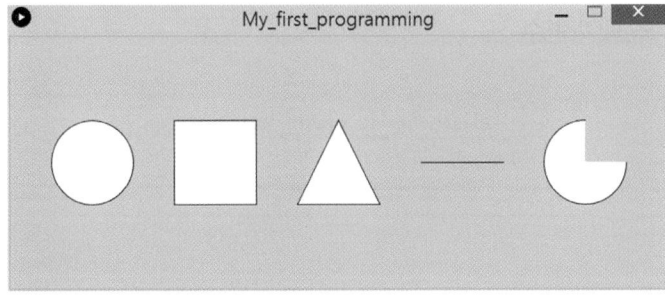

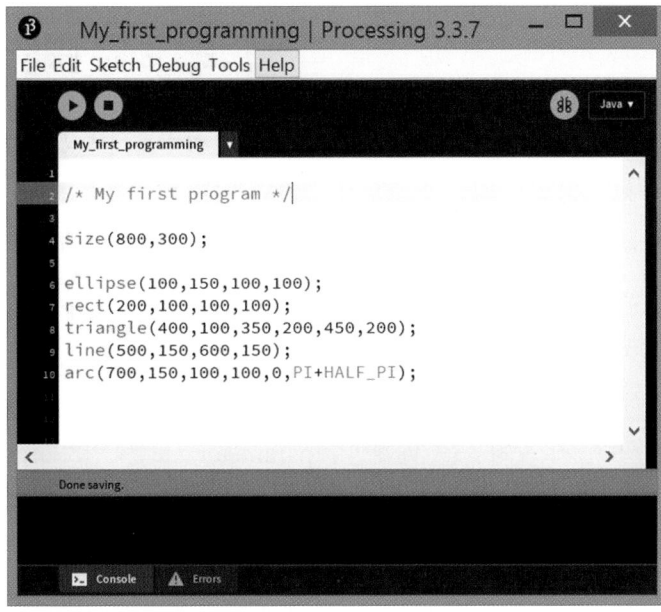

코드의 의미를 살펴보자.

```
size(800, 300);                          // 디스플레이 창의 크기
                                         // 넓이 800pixel, 높이 300pixel
ellipse(100, 150, 100, 100);             // 원 그리기
rect(200, 100, 100, 100);                // 사각형 그리기
triangle(400, 100, 350, 200, 450, 200);  // 삼각형그리기
line(500, 150, 600, 150);                // 선 그리기
arc(700, 150, 100, 100, 0, PI+HALF_PI);  // 호 그리기
```

1 함수와 매개변수

```
ellipse(x, y, width, height);
   ↑            ↑
 함수명       매개변수
```

∰ 함수(Function)

본래 'function'이라는 단어는 '기능'을 의미한다. 프로그래밍에서 함수 (function)란 특정한 기능을 수행하는 프로그램의 구성요소라고 할 수 있다. 프로세싱에서는 기본적으로 제공하는 많은 함수들이 있는데, 이러한 함수를 사용하기 위해서는 대소문자, 철자, 괄호, 매개변수 콤마, 그리고 세미콜론 등 정해진 문법과 형식을 지켜야 한다.

∰ 매개변수(Parameter)

함수 다음에 오는 괄호 안에는 함수를 실행하는데 필요한 값들이 콤마(,)로 구분되어 있다. 각 숫자들을 '매개변수(parameter)' 또는 '인자(argument)' 라 한다. 매개변수라는 용어는 우리에게 다소 생소하지만, 수학, 컴퓨터 프로그래밍, 통계 등 다양한 분야에서 사용된다.

어떠한 함수가 실행되기 위해서는 반드시 입력이 있어야 하며, 그에 따른 출력이 존재한다. 이때 입력에 해당하는 것이 매개변수라 할 수 있다. 아래의 그림은 함수의 개념을 그림으로 나타낸 것이다. 2를 입력했을 때, 입력된 값에 제곱을 하는 함수에 의해 값이 4가 되었다.

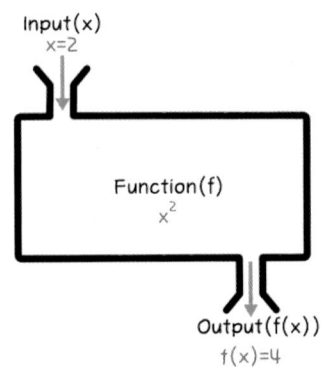

함수의 입력과 출력

중요한 것은 함수마다 필요한 입력값, 즉 매개변수의 개수와 그 의미가 다르다는 것이다. 위와 같이 원을 그리기 위한 ellipse()함수는 4개의 매개변수를 필요로 한다. 즉 4개의 값이 입력되어야 원을 그리는 임무를 수행한다는 것이다.

이 4개의 매개변수 중에서 앞의 두 개는 원의 중점을 나타내는 x와 y좌표, 나머지 두 개는 원의 폭(width)과 높이(height)를 의미한다. 만약 4개의 매개변수 중 하나라도 빠지면 원을 그릴 수 없다.

자 이제부터 다양한 도형을 그리는 방법을 하나씩 살펴보자.

① 원 그리기

```
ellipse(x, y, width, height);
```

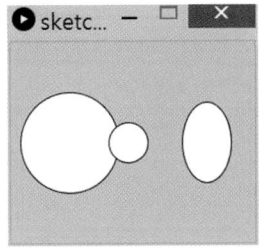

> 경우에 따라 매개변수가 없이 함수 명 만으로 이루어진 함수도 있다.
> 예) noFill() noStroke() 등

● **학습예제 2-1**   ellipse_drawing

```
size(250, 200);
ellipse(60, 100, 100, 100); // 큰 원
ellipse(120, 100, 40, 40);  // 작은 원
ellipse(200, 100, 50, 80);  // 타원
```

ellipse는 타원이라는 뜻으로, 4개의 매개변수가 필요하다. 처음 두 개의 값 x, y는 원의 중심의 위치, 다음 두 개는 원의 폭과 높이를 나타낸다. 폭과 높이가 같은 경우, 타원이 아닌 원이 그려지므로, 원을 그리는 함수는 따로 존재하지 않는다.

프로그램은 위에서부터 아래로 순차적으로 실행되기 때문에, 가장 작은 원이 가장 큰 원보다 앞에 위치함을 알 수 있다.

② 사각형 그리기

```
rect(x, y, width, height);
```

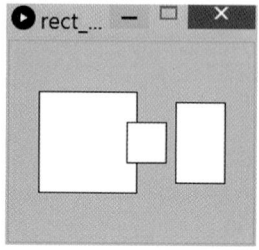

● **학습예제 2-2**   rect_drawing

```
size(250, 200);
rect(30, 50, 100, 100);
rect(120, 80, 40, 40);
rect(170, 60, 50, 80);
```

직사각형을 그리기 위해서는 4개의 매개변수가 필요하다. 처음 두 개의 값
x, y는 사각형의 왼쪽 상단 모서리의 위치, 다음 두 개는 사각형의 폭과 높
이를 나타낸다. 원을 그릴 때와 마찬가지로, 폭과 높이가 같으면 정사각형
이 그려진다.

③ 삼각형 그리기

triangle(x1, y1, x2, y2, x3, y3);

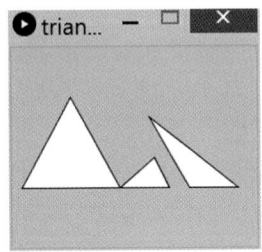

● 학습예제 2-3   triangle_drawing

```
size(250, 200);
triangle(60, 50, 10, 140, 110, 140);
triangle(110, 140, 145, 110, 160, 140);
triangle(140, 70, 180, 140, 230, 140);
```

삼각형을 그리기 위해서는 6개의 매개변수가 필요하다. 6개의 값은 삼각형
을 그리는데 필요한 세 개의 꼭짓점에 대한 x, y좌표이다. 점의 위치에 따
라 정삼각형, 직각삼각형 등 다양한 형태의 삼각형을 그릴 수 있다.

④ 선 그리기

line(x1, y1, x2, y2);

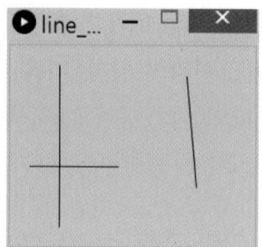

● **학습예제 2-4**   line_drawing

```
size(250, 200);
line(50, 20, 50, 180);
line(20, 120, 110, 120);
line(180, 30, 190, 140);
```

선을 그리기 위해서는 4개의 매개변수가 필요하다. 처음 두 개의 변수 x1, y1은 선의 시작점의 위치, 나머지 두 개는 끝점의 위치를 나타낸다.

⑤ 사변형 그리기

quad(x1, y1, x2, y2, *x3, y3,* x4, y4);

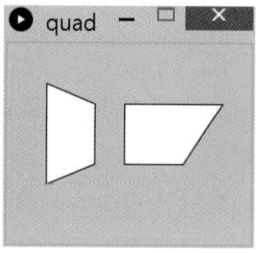

● **학습예제 2-5**   사변형 그리기

```
size(250, 200);
quad(40, 40, 90, 60, 90, 120, 40, 140);
quad(120, 60, 220, 60, 180, 120, 120, 120);
```

quad는 사변형을 뜻하는 quadrilateral의 앞 자이다. 4개의 점으로 이루어 진 다각형을 그리기 위한 함수로서, 8개의 매개변수는 4개의 꼭짓점에 대한 x, y좌표이다. quad를 사용하여 다각형을 그릴 때 주의할 점은 각 꼭짓점을 명시할 때 시계방향이나 시계 반대방향으로 그 순서가 연결되도록 해야한다는 것이다.

⑥ 호 그리기

arc(x, y, width, height, start angle, stop angle);

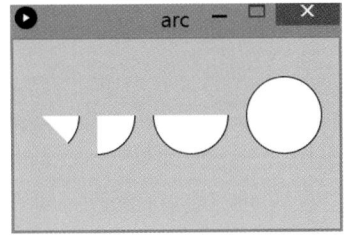

🔵 **학습예제 2-6**　호 그리기

```
size(350, 200);
arc(30, 80, 80, 80, 0, QUARTER_PI);
arc(90, 80, 80, 80, 0, HALF_PI);
arc(190, 80, 80, 80, 0, PI);
arc(290, 80, 80, 80, 0, TWO_PI);
```

호를 그리기 위해서는 6개의 매개변수가 필요한데, 처음 두 개의 값은 호의 중심의 좌표, 다음 두 개는 호의 넓이와 높이를 의미한다. 중요한 것은 나머지 두 개의 값인데, 이는 호의 시작 각도와 끝 각도를 뜻한다. 위의 코드를 보면 시작 각도는 모두 0이고, 끝 각도가 시계방향으로 조금씩 증가하고 있다.

호를 그리기 위해서는 우리가 수학시간에 배웠던 라디안(radian)에 대한 기억을 소환할 필요가 있다. 프로세싱에서는 각도를 호도법 즉 라디안으로 표현한다. 호도법은 호의 길이를 이용해서 각도를 표시하는 방법이다.

도(degree)와 호도(radian)는 아래의 그림과 표를 보면서 이해해보자.

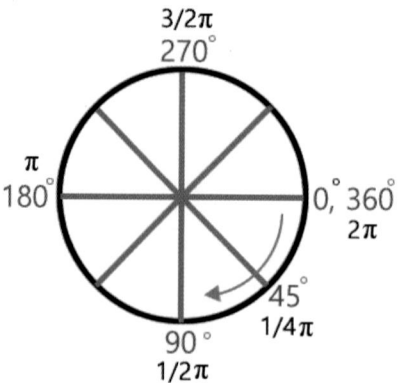

도(Degree)와 호도(Radian)

도(Degree)	호도(Radian)	
360	TWO_PI (2π)	6.28 radian
270	PI+HALF_PI(3/2π)	4.71 radian
180	PI(π)	3.14 radian
90	HALF_PI(1/2π)	1.57 radian
45	QUARTER_PI(1/4π)	0.78 radian

그러나 호를 그릴 때, 예제 2-6과 같은 표기가 어렵다면 radians(degree) 함수를 사용해보자. radians()함수는 도를 호도로 변환시켜준다.

```
arc(90, 80, 80, 80, 0, HALF_PI); → arc(90, 80, 80, 80, radians(0), radian(90));
arc(90, 80, 80, 80, 0, PI);      → arc(90, 80, 80, 80, radians(0), radian(180));
```

2.2 도형의 속성과 모드

1 외곽선 및 두께 설정

도형에 다양한 속성을 적용해보자.

```
stroke();          // 외곽선의 색상 설정
strokeWeight();    // 외곽선의 두께 설정(pixel 단위)
noStroke();        // 외곽선을 그려주지 않음
```

프로세싱에서는 도형의 외곽선에 대한 언급이 없다면, 아래 그림의 왼쪽 원처럼 기본적(default)으로 1pixel 두께의 검은색 외곽선이 그려진다.

다양한 속성들을 적용한 예를 살펴보자.

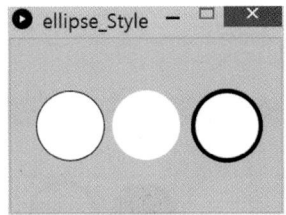

⬤ 학습예제 2-7   default_style

```
size(320, 200);
ellipse(70, 100, 80, 80);       // 왼쪽 원(기본)

noStroke();                     // 외곽선 없음
ellipse(160, 100, 80, 80);      // 가운데 원

stroke(0);                      // 외곽선 검은색
strokeWeight(5);                // 외곽선 두께 5pixel
ellipse(255, 100, 80, 80);      // 오른쪽 원
```

2 색 채우기

```
fill(gray);       // 회색조로 색상 설정
fill(r, g, b);    // R, G, B를 조합하여 색상 설정
noFill();         // 색상을 채우지 않음
```

프로세싱에서는 도형에 다양한 색상을 채울 수 있다. 그러나 색상에 대한 언급이 없다면, 기본적으로 흰색이 채워진다.

색상을 설정하는 대표적인 함수 fill()은 매개변수가 하나이면 그레이 스케일을 의미하며, 매개변수가 3개 일 때에는 Red, Green, Blue의 조합으로 색상이 채워진다.

색은 0부터 255까지 256단계로 표현할 수 있다. 그레이 스케일에서 0은 검은색, 255는 흰색을 뜻한다. (색상에 관련된 내용은 3장에서 자세히 설명하였다.)

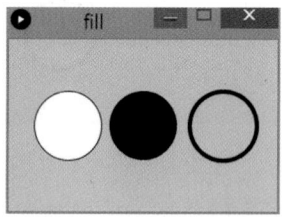

⬤ **학습예제 2-8**   colof_fill

```
size(320, 200);
ellipse(70, 100, 80, 80);

fill(0);
noStroke();
ellipse(160, 100, 80, 80);

stroke(0);
strokeWeight(5);
noFill();
ellipse(255, 100, 80, 80);
```

3 그리기 모드

도형을 그리는 기준점을 변경할 수 있다. ellipse()함수는 기본적으로 원의
중심과 폭, 넓이를 바탕으로 원을 그린다. 그러나 ellipseMode()함수로 원
을 그리는 방식을 바꿀 수 있다. 괄호 안에는 그리는 방식을 대문자로 명시
한다.

```
ellipseMode(CENTER):
ellipse(x, y, w, h);          // 원의 중심좌표, 폭, 높이 (기본모드)
ellipseMode(RADIUS):          /
ellipse(x, y, w, h);          // 원의 중심좌표, 폭/2, 높이/2
ellipseMode(CORNER):
ellipse(x, y, w, h);          // 원의 왼쪽 상단좌표, 폭, 높이
ellipseMode(CORNERS):
ellipse(x, y, w, h);          // 원의 테두리 상자의 왼쪽 상단 모서리 및
                                 반대쪽 모서리 좌표
```

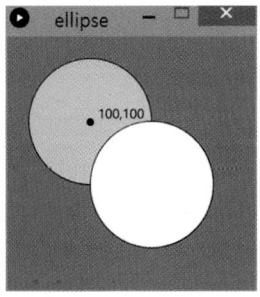

● **학습예제 2-9**   ellipse_mode

```
size(300, 300);
fill(200);
ellipseMode(CENTER);
ellipse(100, 100, 150, 150);        // 회색 원

fill(255);
ellipseMode(CORNER);
ellipse(100, 100, 150, 150);        // 흰색 원
```

rect()함수는 기본적으로 사각형의 왼쪽 상단 모서리와, 사각형의 폭, 높이
를 바탕으로 사각형을 그린다. rectMode()함수를 사용하면 사각형 그리는
방식을 바꿀 수 있다.

```
rectMode(CORNER):
rect(x, y, w, h);              //사각형의 왼쪽 상단좌표, 폭, 높이(기본모드)
rectMode(CENTER):
rect(x, y, w, h);              // 사각형의 중심좌표, 폭, 높이
rectMode(RADIUS):
rect(x, y, w, h);              // 사각형의 중심좌표, 폭/2, 높이/2
```

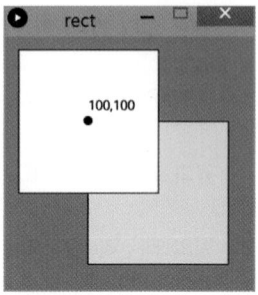

⬤ **학습예제 2-10**   rect_mode

```
size(300, 300);
fill(220);
rectMode(CORNER);
rect(100, 100, 170, 170);   // 회색 사각형

fill(255);
rectMode(CENTER);
rect(100, 100, 170, 170);   // 흰색 사각형
```

rect()함수의 매개변수의 개수가 5개일 경우, 마지막 매개변수는 모서리의
둥근 정도를 의미한다.

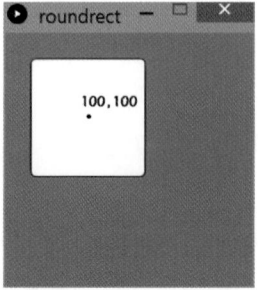

```
size(300, 300);
rectMode(RADIUS);
fill(255);
rect(100, 100, 70, 70, 7);
```

이렇게 도형을 그리는 방식의 변화는 후에 배울 도형의 이동과 변환에 중요한 영향을 미치게 된다. 다양한 그리기 모드를 기억해 두었다가 잘 활용하도록 하자.

2.3 복잡한 도형 그리기

지금까지는 기본 도형을 그리는 함수를 사용했다. 그러나 기본 도형 외에도 우리가 원하는 형태를 그릴 수 있다. 바로 꼭짓점을 뜻하는 vertex()함수를 이용하면 어떠한 복잡한 형태도 자유롭게 그릴 수 있다. vertex()함수는 괄호 안에 x, y 점의 위치를 매개변수로 갖는다. 이 vertex 들을 연결하여 다양한 형태를 그리는 것이다.

```
vertex(x, y);
```

그러나 다른 도형을 그릴 때와 차이점이 있다. 도형을 그리기 전, 맨 앞부분에 beginshape()함수를 이용해서 점의 기록을 시작하고, 그리기가 끝났으면 endShape()함수로 점의 기록을 중지해야 한다.

endShape()함수는 두 가지 모드 endShape() 와 endShape(CLOSE)가 있다. 두 모드의 차이를 비교해보자.

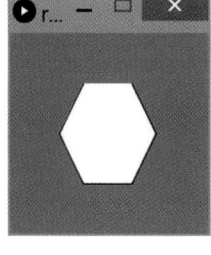

endShape()

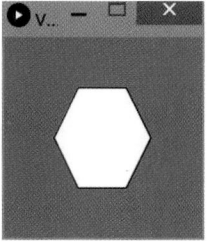

endShape(CLOSE)

```
beginShape();
vertex(75, 50);
vertex(50, 100);
vertex(75, 150);
vertex(125, 150);
vertex(150, 100);
vertex(125, 50);
endShape();
//endShape(CLOSE);
```

위의 왼쪽 그림을 자세히 보면 외곽선이 끝까지 이어지지 않음을 볼 수 있다. 외곽선을 끝까지 연결해 주기 위해서는 endShape(CLOSE) 모드로 외곽선을 닫아주어야 한다.

◎ 기본설정(default)

default는 기본설정 혹은 초기화라는 뜻으로, 프로그램에서 사용자가 별도의 명령을 내리지 않았을 때, 시스템이 미리 정해진 값이나 조건을 자동으로 적용하는 것을 말한다. 프로세싱에서도 별도의 언급이 없다면 미리 지정되어있는 값이 적용된다.

```
ellipse(50, 50, 50, 50);
```

다음 그림은 (50,50)을 중점으로 하고, 폭과 넓이가 모두 50픽셀인 원을 그리는 코드에 따른 결과이다. 디스플레이 창의 크기, 배경색, 원의 색 및 외곽선에 대한 별도의 명령을 내리지 않았지만, 창 사이즈는 100X100 픽셀, 배경색은 밝은 회색, 채우기 색은 흰색 그리고 1pixel 두께의 검은 외곽선이 그려짐을 알 수 있다.

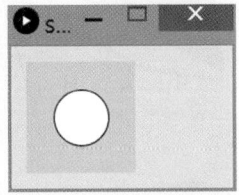

> 🔎 **TIP**
>
> 다양한 도형들을 이용해서 그림을 그릴 때, 정확한 좌표를 계산하는 것은 쉽지 않다. 좌표를 일일이 따지는 것이 귀찮아서 대략 코드를 작성한 후, 실행을 해보면서 반복 수정을 하는 것보다는 격자가 그려진 노트를 이용해보자. 시간이 더 걸릴 듯하지만 훨씬 빠르고 정확하다는 것을 느낄 수 있을 것이다.
>
>

빈칸에 적절한 단어를 써 넣어보자.

1) 함수마다 필요한 (   )의 수와 의미는 각각 다르다.

2) 도형에 속성을 적용하는 함수 중, 도형의 외곽선 두께를 지정하는 함수는(   )이다.

3) 복잡한 도형을 그리기 위해서 연속적인 점의 위치를 명시할 때 사용하는 함수는 (   )이다.

4) 다양한 도형 그리기 함수를 이용하여 다음과 같은 추상적인 그림을 그려보자.

5) rect(), vertex()함수를 이용해서 창밖으로 보이는 풍경을 그려보자.

CHAPTER

3

색상의 표현

색상은 사람의 눈에 가장 먼저 인식되는 시각적 요소이다. 프로세싱에서는 무채색 뿐 아니라, 다양한 색상을 표현할 수 있으며, 색상에 투명도를 적용하거나, 그라데이션 효과를 표현할 수 있다.

이번 장에서는 색상을 정의하는 함수들에 대해 알아보고, 다양한 색상모드의 이해와 표현방법에 대해 살펴본다.

3.1 색상 적용하기

```
background(gray);
background(red, green, blue);
fill(gray);
fill(red, green, blue);
fill(red, green, blue, alpha);
stroke(red, green, blue);
stroke(red, green, blue, alpha);
```

색상을 지정하기 위한 함수에는 배경색을 지정하는 background(), 면의 색을 지정하는 fill(), 그리고 선의 색을 지정하는 stroke()함수가 있다.

괄호 안의 매개변수가 하나일 때에는 무채색(grayscale)을 의미하며, 매개변수가 3개일 경우는 각각 Red, Green, Blue값을 의미한다. 매개변수가 4개일 경우에는, 마지막 매개변수는 투명도를 나타내는 alpha값을 나타낸다. 각 색상 값은 0에서부터 255까지 256단계로 표현할 수 있다.

다양한 예제를 통해 색상을 적용해보자.

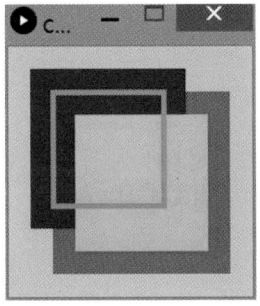

● 학습예제 3-1   color_define

```
size(220, 220);

noStroke();
fill(125);
rect(40, 40, 160, 160);    // 외곽선이 없는 회색 사각형
```

```
fill(255, 0, 0);
rect(20, 20, 140, 140);    // 빨간색 사각형

fill(255, 214, 3);
rect(60, 60, 120, 120);    // 노란색 사각형

stroke(93,196,109);
strokeWeight(5);
noFill();
rect(40, 40, 100, 100);    // 녹색 외곽선의 사각형
```

● **학습예제 3-2**　background_color

```
size(250, 250);
background(20, 24, 216);   // 파란 배경색

noStroke();
fill(220, 252, 13);
rect(50, 50, 150, 150);    // 연두색 사각형
```

색상에 투명도를 적용해보자. fill()함수의 마지막 매개변수는 alpha 값을
나타낸다. alpha 값은 숫자가 작을수록 투명하게 처리된다.

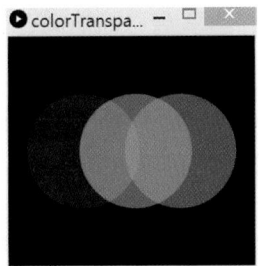

● **학습예제 3-3**   color_transparency

```
size(330, 300);
background(0);
noStroke();

fill(219, 53, 153, 200);
ellipse(100, 150, 150, 150); // 자주색 원

fill(174, 221, 60, 160);
ellipse(170, 150, 150, 150); // 연두색 원

fill(116, 193, 206, 140);
ellipse(230, 150, 150, 150); // 파란색 원
```

❖ **색상 값 확인**

색상을 지정할 때에는 색상 값을 알아야 한다. 색상 값은 색상표를 참고 할 수도 있고, 프로세싱 메뉴에서도 값을 확인할 수 있다. 스케치 창 메뉴의 도구(tool) → 색상 선택(color selector)을 클릭하면 다음과 같은 창이 뜬다.

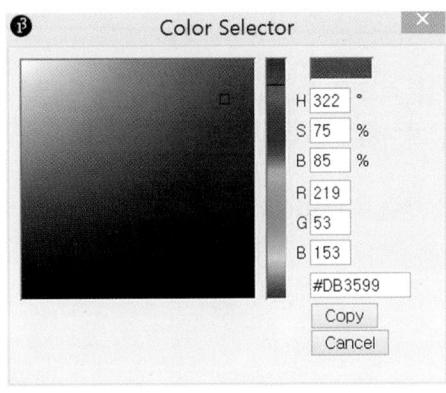

그 다음 원하는 색상을 마우스로 클릭하게 되면, 선택된 색상은 HSB, RGB 그리고 16진법(Hexadecimal) 방식으로 나타난다. 해당 색상의 값을 코드에 옮겨 적으면 색상이 설정되고, 만약 복사하기를 버튼을 클릭하여 붙이기 (ctrl+V) 할 경우, 해시태그(#)와 함께 16진법으로 복사된다.

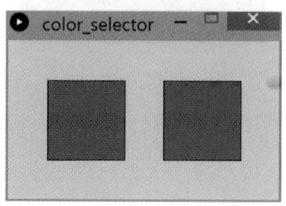

⬤ **학습예제 3-4**   color_select

```
size(350, 200);

fill(#CB29C9);
rect(50, 50, 100, 100);  // left rect

fill(203, 41, 201);
rect(200, 50, 100, 100); // right rect
```

✏️ 16진법으로 색상을 표기하게 되면, 어떠한 색인지 예상하기가 어렵다. 따라서 처음에는 R,G,B 값으로 표기하는 것도 좋겠다.

위의 예제에서 볼 수 있듯이 fill(#CB29C9)와 fill(203,41,201)는 같은 색상을 표현하고 있다. 둘 중 어떠한 방식으로 표현해도 관계없다.

3.2 색상모델 Color Model 의 이해

프로세싱에서는 기본적으로 RGB 색상모델을 사용한다. 그러나 색상, 채도, 밝기로 색상을 정의하는 HSB 색상모델을 사용할 수 있다.

먼저 무채색, RGB 그리고 HSB 색상모델에 대해 자세히 살펴보자.

1 무채색(Grayscale)

무채색은 유채색에 대응되는 말로, 명도 즉 밝기 정보(intensity)만을 가지고 있다. 명도는 0(검정색)부터 255(흰색)까지 총 256개의 단계로 표현할수 있다.

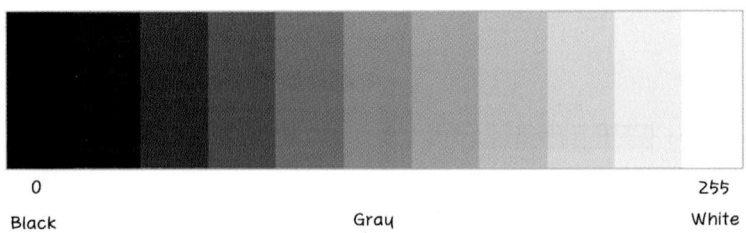

0   255

Black   Gray   White

2 RGB 색상모델

RGB 모델은 가장 일반적인 색상모델로서, 빨간색(Red), 녹색(Green), 파란색(Blue)을 조합하여 색을 표현한다.

RGB는 컴퓨터 모니터 화면이나 텔레비전에서 색을 표현하는 데 주로 사용되며, 이때 R,G,B는 '빛의 삼원색'이다. 따라서 색상을 섞으면 섞을수록 더욱 밝아지기 때문에 흰색에 가까워신다. 이를 가산혼합(Additive Color)이라 한다.

이와는 반대로 색의 혼합을 통해 여러 색을 만드는 '색의 삼원색'은 색을 섞을수록 명도와 채도가 낮아진다. 이를 감산혼합(Subtractive Color)이라 한다.

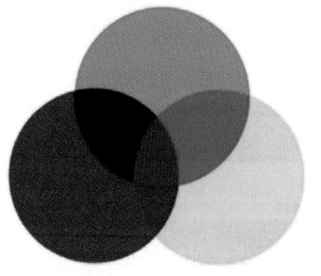

감산혼합(Subtractive Color)

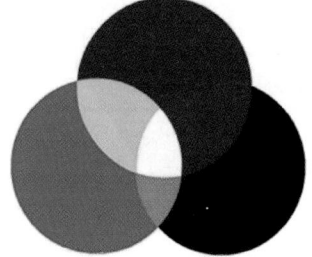

가산혼합(Additive Color)

컴퓨터 모니터나 TV, 스마트 폰 등은 픽셀을 기반으로 이미지를 표현한다. 하나의 픽셀은 24비트(bit)의 정보를 가지고 있는데, 이는 R,G,B에 각각 8 비트를 할당한다.

또한 각 R,G,B 색상은 0~ 255까지 256단계로 표현되며, 이것을 조합하면 하나의 픽셀에서 256*256*256 총 16,777,216가지의 색을 표현할 수 있다.

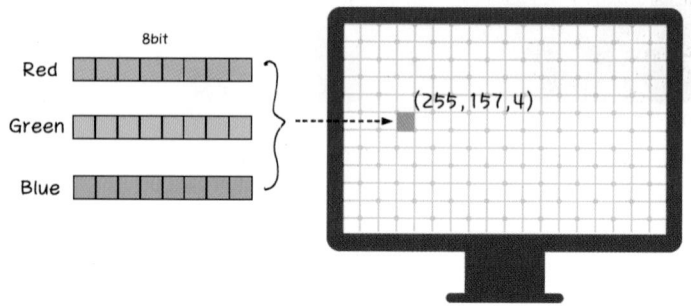

③ HSB 색상모델

HSB 색상모델은 색조(Hue), 채도(Saturation), 명도(Brightness)의 색의 속성으로 색상을 표현하는 방식이다. 색조는 우리가 아는 빨간색, 노란색, 녹색 등을 말한다. 채도는 색의 선명한 정도를 말하며, 채도가 높을수록 순색에 가깝고, 채도가 낮을수록 무채색에 가까워진다. 명도는 밝기를 말하며 명도가 높을수록 밝고, 낮을수록 어둡다.

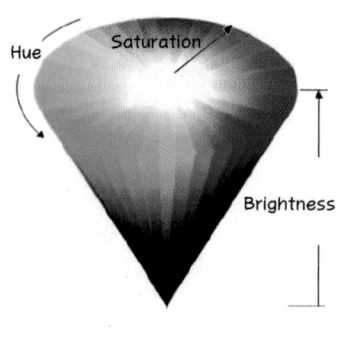

HSB 색상모델

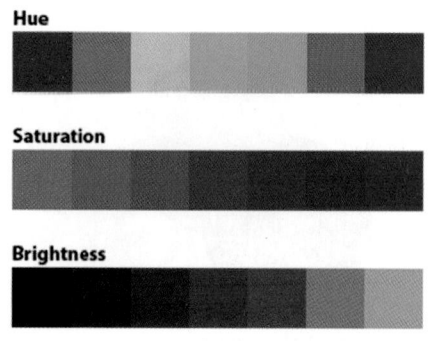

색상(Hue), 채도(Saturation), 명도(Brightness)

프로세싱에서는 RGB 외에 HSB 색상모델로 색상을 표현할 수 있다. 앞서 설명한 것처럼 R,G,B 각각은 0에서부터 255사이의 값으로 표현되고, Hue 는 0~360, Saturation과 Brightness는 0~255사이의 값으로 표현된다.

만약 HSB 색상 모델을 사용하고자 한다면, colorMode()함수를 사용하여 색상모델을 지정할 수 있다.

```
colorMode (mode)
colorMode (mode, max)
colorMode (mode, max1, max2, max3)
```

아래의 예제는 colorMode를 HSB로 지정하고, 100개의 선을 그리되, 명도 값에 특정 수를 반복해서 곱해줌으로써, 선의 명도가 점차 증가하는 코드 이다.

● 학습예제 3-5 color_mode

```
size(100, 100);
noStroke ();
colorMode (HSB);
for (int i = 0; i < 100; i ++) {
  stroke(352, 98, i*2.5);
  line(i, 0, i, 100);

  }
```

3.3 color와 color()함수

색상을 설정하는 또 다른 방법은 색상 데이터 유형 color와 color()함수를
이용하는 것이다.

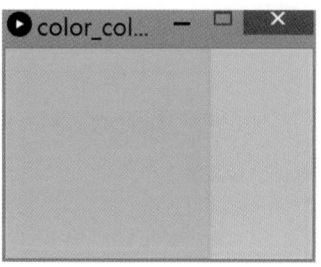

🔵 **학습예제 3-6**   color_data

```
size(300,200);
color c1 = color(119, 206, 245);        // 색상 데이터유형 변수 c1에 색상 값 저장
                                        // _하늘색
color c2 = #B6F7A5;                     // 색상 데이터유형 변수 c2에 16진수
                                        // 표기법을 사용하여 직접 지정_연두색
noStroke();
fill(c1);
rect(0, 0, 200, 200);
fill(c2);
rect(200, 0, 100, 200)
```

위의 예제와 같이 색상 데이터 유형 color의 변수 c1, c2를 만들고, 여기에
color()함수를 이용해서 변수에 색상을 저장한다. 또한 색상을 16진수 표기
법으로 표현할 경우에는 color()함수를 이용하지 않고 직접 지정하면 된다.

변수(Variable)는 말 그대로 언제든 변할 수 있는 수이다. 따라서 처음엔 변
수에 50을 저장했다가, 그 다음엔 100을 저장할 수 있다.(변수에 대한 자세
한 내용은 Chapter.4의 심화학습을 참고로 한다.)

아래의 예제는 변수 c 에 50이라는값을 저장하여 원에 색상을 지정하고, 다시 변수 c에 (40, 250, 196)을 저장하여 그 다음 원에 색상을 지정한 예이다.

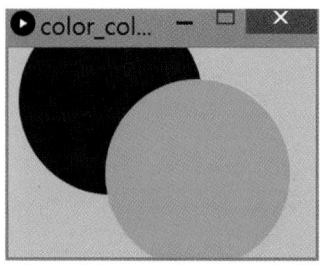

● 응용예제 3-7　color_data_update

```
size(300,200);

color c;             // 변수 c 선언
c = color(50);       // c 에 색상 값 저장
fill(c);             // c 에 저장된 색상 값으로 원 채우기
noStroke();
ellipse(100, 50, 180, 180);


c = color(40, 250, 196);    // c 에 저장된 색상 값 update
fill(c);
ellipse(185, 120, 180, 180);
```

앞에서 배운 내용들을 예제를 통해 확인해보자. 아래의 예제는 변수 c에 저장한 값에 대하여 RGB 그리고 HSB 색상값을 출력한다.

● 응용예제 3-8   rgb_hsb

```
color c= color(132,48,206);
float r=red(c);
float g=green(c);
float b=blue(c);

float h=hue(c);
float s=saturation(c);
float B=brightness(c);
println("r, g, b=", r, g, b);
println("h, s, B=", h, s, B);
```

○ 16진수(Hexadecimal Number)

우리가 일상생활에서 사용하는 수는 10진수(Decimal Number)이다. 10진
수는 0에서부터 9까지 10개의 숫자를 이용하여 수를 표현하는 방법이다.

```
0,1,2,3,4,5,6,7,8,9,10,11,12,13,14,15.....
```

그러나 컴퓨터에서는 데이터를 처리할 때 0과 1 두 개의 숫자로 표현되는 2
진수(Binary Number)를 사용한다. 아마 아래와 같은 장면을 영화에서 한
번 쯤 보았을 것이다.

```
1011000111000111
```

16진수는 10진수처럼 0에서 9까지는 숫자로 표현하되, 그 이상의 수는 A
에서부터 F까지 6개의 알파벳 문자를 사용하여 수를 표현하는 방법이다.

```
10진수 0,1,2,3,4,5,6,7,8,9,10,11,12,13,14,15...
16진수 0,1,2,3,4,5,6,7,8,9, A, B, C, D, E, F....
```

예를 들어 우리가 일상에서 사용하는 10진수 12를 16진수로 표현하면 C,
15는 F가 되는 것이다.

```
12(10진수) = C(16진수)
15(10진수) = F(16진수)
```

즉 한 자릿수에서 최대 15까지 표현가능하다고 할 수 있다.

○ 색상의 16진수 표기

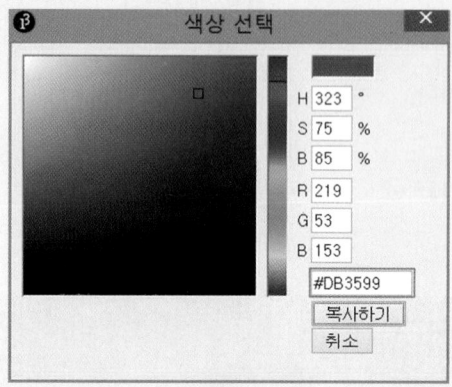

```
fill(195, 206, 59) -> fill(#C3CE3B)
```

프로세싱에서는 위와 같이 색상 값을 #RRGGBB 형식의 16진수로 표기할 수 있다. R,G,B 각 색상을 16진수 두 자리로 표시할 수 있으므로, 각각 16의 제곱인 256단계로 표현할 수 있다. 따라서 6자리의 16진수로 표현할 수 있는 색의 수는 16의 6제곱인 16,777,216가지가 된다.

연 습 문 제

1. 도형이나 배경에 색상을 지정할 수 있는 함수들을 아는대로 적어보자.

2. 빛의 삼원색의 혼합을 무엇이라고 하는지 적어보자.

3. HSB색상 모델에서 각 H, S, B가 의미하는 것을 적어보자.

4. triangle()함수를 이용해 다음과 같은 형태를 그리고 다양한 색상을 적용해
   보자.

5. quad()함수나 vertex()함수를 이용하여 형태를 그리고, 다양한 색상을 적용
   해보자.

CHAPTER

4

반복적 형태를 위한 규칙 디자인

Abstract

만약 같은 크기의 사각형을 수백 번 반복적으로 그려야 한다면 어떻게 해야 할까. 우리가 이제까지 배운 내용과 방식에 따르면 모든 사각형의 위치를 일일이 계산해서 그려야 할 것이다.

우리가 컴퓨터를 사용하는 이유 중 하나는 복잡한 계산의 수고를 덜고자 하는데 있다. 컴퓨터 프로그램에서 '반복(Iteration)'이라는 개념은 어떠한 조건을 만족하는 범위 안에서 특정한 규칙이나 단계를 반복적으로 실행하는 것을 말한다. 이러한 반복은 프로그래밍에서 중요한 요소 중의 하나이다.

프로세싱에서 반복문은 크게 두 가지 'for'와 'while'이 있다. 이는 어떠한 조건 하에서 반복적인 일을 수행하는 기능을 한다.

반복문을 사용해서 흥미로운 그림들을 구현해보자.

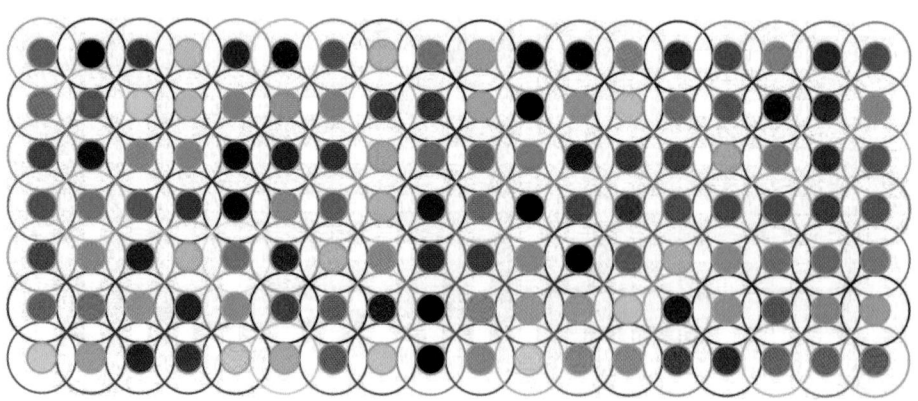

아래와 같이 같은 길이와 간격을 가진 선들을 그려보자. 선의 개수만큼 코드의 길이는 길어질 것이다.

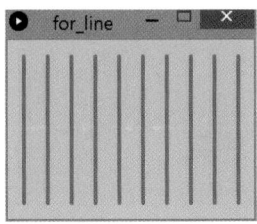

● **학습예제 4-1**   line_repetition

```
size(310, 220);
stroke(68, 140, 232);
strokeWeight(5);

line(20, 20, 20, 200);
line(50, 20, 50, 200);
line(80, 20, 80, 200);
line(110, 20, 110, 200);
line(140, 20, 140, 200);
line(170, 20, 170, 200);
line(200, 20, 200, 200);
line(230, 20, 230, 200);
line(260, 20, 260, 200);
line(290, 20, 290, 200);
```

예제 4-1의 코드를 보면 선의 시작점과 끝점의 y좌표는 고정된 채, x좌표만 일정하게 증가하는 규칙성을 발견할 수 있다. 따라서 이러한 규칙성을 이용하여 for구문을 만들면, 위와 같은 긴 코드를 다음과 같이 짧게 줄일 수 있다.

```
for(int i=20; i<300; i+=30){
    line(i, 20, i, 200);
}
```

코드의 길이를 줄이는 것은 프로그램을 효율적으로 작성하고 관리하는데 도움이 된다. 지금 우리는 비교적 간단한 프로그램을 다루고 있지만, 점차 복잡한 프로그램을 설계할 경우, 불필요한 코드의 길이를 줄이는 것은 에러의 발생 가능성은 낮추고, 가독성을 높이게 된다.

4.1 for구문을 통한 반복

```
for (초기화; 반복조건; 증감){            for(int i=0;i<300;i+=30){
     반복해서 실행할 코드                         line(i,20, i,200);
}                                        }
```

> 프로그램 에러의 원인 중 많은 경우가 소괄호, 중괄호가 짝을 이루지 않음에 있으니 주의하도록 하자.

이제 for구문을 이용한 반복에 대해 자세히 알아보자. for구문의 괄호 안에는 3가지 조건(초기화, 반복조건, 증감)을 명시해야 한다. 이때 각 조건은 세미콜론(;)으로 구분한다. 또한 괄호 안의 조건을 만족할 때, 반복적으로 실행될 내용은 중괄호 블록({ })내부에 위치하며, 이 중괄호는 항상 짝을 이루어야 한다.

괄호 안의 조건들은 초기화, 반복조건, 증감이다. 용어가 매우 낯설지만, 개념을 잘 이해하면 for구문을 매우 쉽게 사용할 수 있다.

⬣ 초기화 i=0

i 라는 변수(variable)가 있다. 이 변수는 정수(integer)의 형태이며, 가장 처음 0이라는 값을 갖는다. (*변수에 대해서는 이 장 뒷부분에 자세히 설명하였다.)

⬣ 반복조건 i<300

그림을 그리기 위한 조건은 바로 i 라는 변수가 300보다 작을 때까지 선을 그리는 코드를 반복 실행하는 것이다.

⬣ 증감 i+=30

선을 반복해서 그리되, 선을 그릴 때 마다 i를 30pixel씩 증가시킨다.

즉 여기서 변수 i 는 선의 시작점 및 끝점의 x좌표에 해당한다. 따라서 i 값을 지속적으로 30씩 증가시킨다는 것은 x축에 대하여 30pixel 간격으로 선을 그린다는 의미이다.

이번엔 수평선을 반복해서 그려보자. 변수 i 는 y좌표에 해당한다. 선의 시작점과 끝점의 x좌표는 30과 190으로 고정한 채, y좌표가 30에서 부터 310 미만 일 때 까지 30pixel 간격으로 선을 그린다.

학습예제 4-2　line_repetition_2

```
size(220, 330);
stroke(68, 140, 232);
strokeWeight(5);

for(int i=30; i<310; i+=30){
    line(30, i, 190, i );
}
```

✎ 대입 연산자 '+='는 오른쪽 값만큼 더해서 왼쪽에 대입한다는 뜻이다. 즉 30만큼 더한 값을 i 에 대입한다.

앞의 예제를 응용하여 사선을 그려보자. 선의 시작점과 끝점의 y좌표는 고정되어 있고, x좌표는 계속 증가하고 있다. 단 앞의 예제들과 다르게 선의 시작점과 끝점의 x좌표가 다르다는 점을 주의하자.

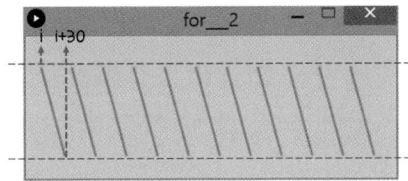

● **학습예제 4-3**   반복된 사선 그리기

```
size(480, 180);
stroke(255, 124, 0);
strokeWeight(5);

for(int i=20; i<450; i+=40){
    line(i, 40, i+30, 150);
}
```

반복적인 선 그리기 뿐 아니라, 일정한 간격으로 원을 그릴 수 있다. 아래의 예제에서 변수 i 는 원의 폭(width)와 높이(height)를 나타내며, 변수 i 가 0에서부터 시작하여 400이하 일때 까지 40pixel 씩 값을 증가시키면서 원을 그린다.

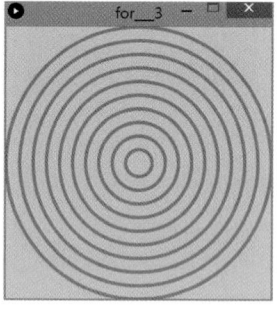

● **응용예제 4-4**   ellipse_repetition

```
size(400, 400);
stroke(255, 124, 0);
strokeWeight(5);
noFill();

for (int i=0; i<=400; i+=40) {
    ellipse(200, 200, i, i);
}
```

> 🖊 'i<=400'은 i가 400보다 작거나 같을 때 까지를 뜻한다.

위의 코드를 다음과 같이 바꿀 수도 있다. 결과는 동일하다. 변수 i 는 0이 아닌 400에서부터 시작하여 0보다 클 때 까지 40pixel 씩 값을 감소시키며 원을 그린다. 이때 연산자를 반대로 수정해주어야 함을 주의하자.

```
for (int i=400; i>0; i-=40) {
    ellipse(200, 200, i, i);
}
```

> ✏️ 'i-=40'은 40씩 뺀 값을 i값에 대입함을 뜻한다.

⁜ 대입 연산자 +=, −=의 의미

- a += 10 a에 10을 더한 값을 대입한다.
- b −= 10 b에 10을 뺀 값을 대입한다.

4.2 for구문의 중첩

for구문 안에 또 다른 for구문이 존재할 수 있다. 이렇게 for구문을 중첩하게 되면, 이차원적 반복 즉 X축과 Y축 모두 y축 모두에 대해 반복을 실행할 수 있다. for구문이 하나일 때, 그리고 두 개가 중첩될 때의 차이를 비교해보자.

예제 4-5는 원의 중심의 x좌표가 40pixel씩 증가하면서 원을 반복적으로 그리는 코드이다.

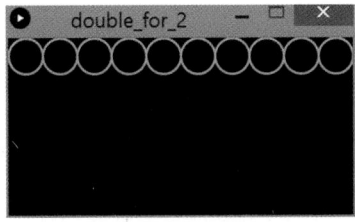

🔵 **학습예제 4-5** for_1dimension

```
size(400, 200);
background(0);
noFill();
stroke(159, 211, 64);
strokeWeight(3);
smooth();
```

```
// x좌표를 20에서 부터 창의 폭 사이즈에 이르기까지
// 40pixel씩 증가시키며 원을 그린다.
for (int x=20; x<=width; x+=40) {
  ellipse(x, 20, 40, 40);
}
```

위의 코드에서 y좌표에 대한 for구문을 더하면 다음과 같은 패턴이 그려진다. x축 뿐만 아니라 y축에 대해서도 원을 그리는 코드가 반복 실행됨을 알 수 있다.

코드가 어떠한 순서로 실행이 되는지 확인해 보기 위해서, for구문의 마지막 부분에 println(x, y) 코드를 추가해 보자. 이는 for구문이 반복적으로 실행되면서 x와 y좌표의 변화를 스케치 창 하단의 콘솔 창에 출력해 준다.

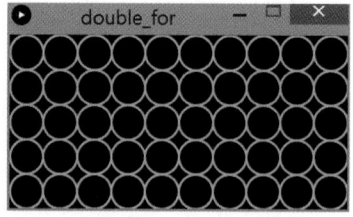

● **학습예제 4-6** for_2dimension

```
size(400, 200);
background(0);
noFill();
stroke(159, 211, 64);
strokeWeight(3);
smooth();

for(int y=20; y<=height; y+=40) {
   for(int x=20; x<=width; x+=40) {

     ellipse(x, y, 40, 40);
     println(x, y);
 }
}
```

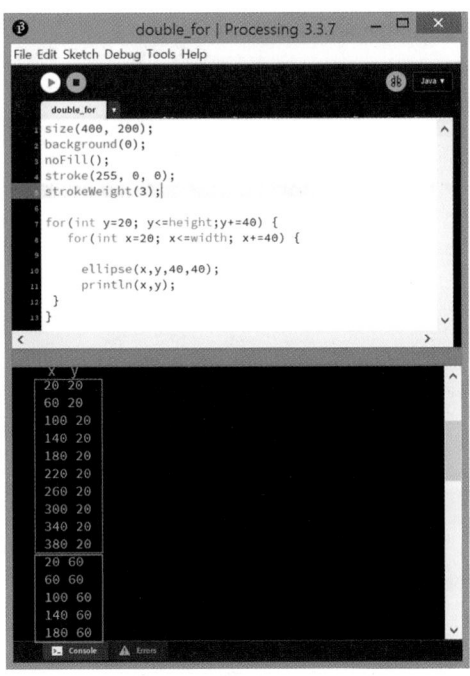

위의 그림에서 출력된 x, y좌표 값을 보면, for구문에 의해 첫 번째로 생성된 y값 20에 대하여 x좌표에 대한 for구문이 반복적으로 실행되고 있다. 마찬가지로 두 번째 생성된 y값 60에 대하여 x좌표에 대한 for구문이 반복적으로 실행되고 있음을 알 수 있다.

원의 패턴이 그려지는 순서는 다음과 같다.

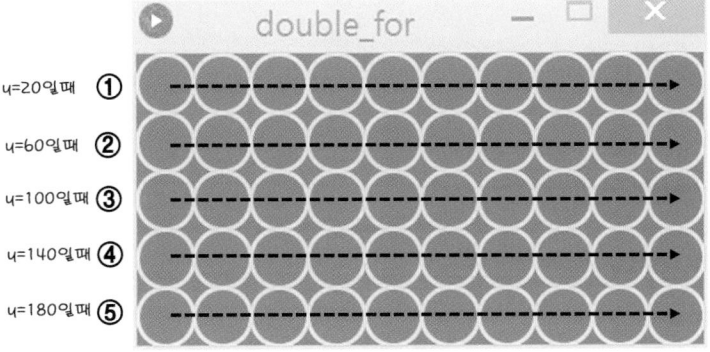

for 구문을 중첩해서 사용할 때에는 각 for 블록 영역과 중괄호 사용에 주의하자.

```
for(........){
   for(........){


   }
}
```

위의 예제를 응용하여 사각형 패턴을 그려보자.

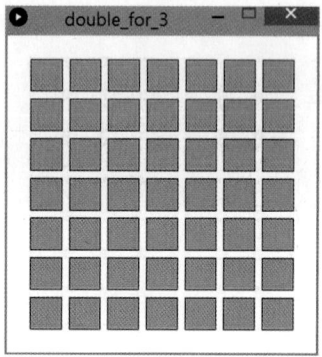

● **응용예제 4-7**   rect_repetition

```
size(400, 400);
background(255);

smooth();
fill(211, 143, 203);

for(int y=30; y<=350; y+=50) {
   for(int x=30; x<=350; x+=50) {

      rect(x, y, 40, 40);

   }
}
```

코드에 의하면 각 사각형의 간격은 50pixel~50pixel 이지만, 사각형의 폭
과 높이가 이보다 작은 40pixel 이므로, 나머지 10pixel 만큼의 간격이 생
겼다.

이번에는 for구문을 색상에 적용해보자. 색상에 변화를 주기 위하여, y좌표
값에 0.9를 곱해줌으로써 y의 위치에 따라 색상이 설정되도록 하였다.

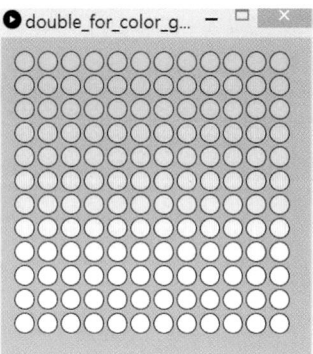

● 응용예제 4-8   for_color_gradation

```
size(400, 400);
background(0);

for(int y=30; y<height-10; y+=30) {
    for(int x=30; x<width-10; x+=30) {

        fill(255, 255, y*0.9);
        ellipse(x, y, 20, 20);

  }
}
```

> ✏️ 스케치 창의 여백을 위
> 해 원이 그려지는 범위
> 를 width-10,height-10으
> 로 설정하였다.

다음과 같이 원들이 서로 겹치면서 반복되는 패턴을 그려보자.

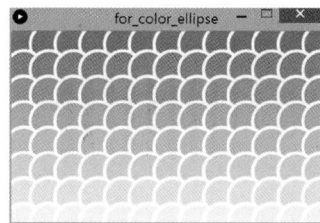

● 응용예제 4-9   for_color_ellipse

```
size(500, 300);
background(0);
stroke(255);
strokeWeight(5);
smooth();

for(int y=20; y<=height; y+=40) {
   for(int x=20; x<=width; x+=40) {

     fill(255, 100+y*0.45, y*0.9);
     ellipse(x, y, 60, 60);
     println(x, y);
  }
}
```

4.3 while구문을 통한 반복

이번엔 while을 이용한 반복을 살펴보자. for구문과 마찬가지로 조건을 만
족하면 명령문을 실행하고, 그렇지 않으면 한 번도 실행되지 않을 수 있다.

```
while(조건){

// 반복해서 실행될 구문

}
```

예제를 통해 살펴보자.

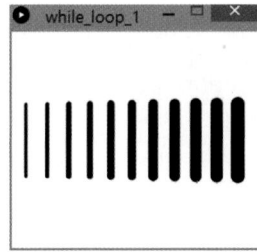

⬤ **학습예제 4-10** while_loop_1

```
size(350, 300);
background(255);


int x=20;
while(x<width){
  strokeWeight(3+x/20);
  line(x, 100, x, 200);
  x=x+30;


}
```

단 조건이 거짓인 경우가 없다면 무한히 반복되어, 다음단계로 넘어갈 수 없음에 주의하자.

```
int i = 0;
while (i<3) {
    println(i);
}
```

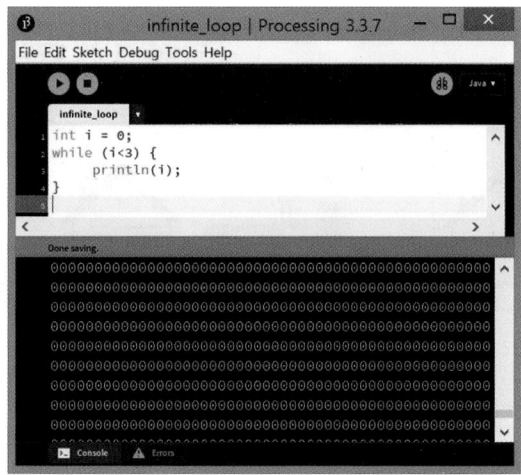

심화학습

◐ 변수(Variable)

```
int  i =0;
```

앞서 우리는 for 구문의 조건에서 위와 같이 변수를 초기화 하는 것에 대해 살펴 본 바 있다. 이 변수에 대해 조금 더 자세히 알아보고자 한다.

컴퓨터에는 수많은 자료들을 담아두기 위한 기억 장치 즉 메모리(memory) 공간이 있다. 우리는 여기에 데이터를 저장하고, 필요할 때 이를 꺼내어 쓸 수 있다.

그렇다면 메모리 공간 내의 데이터 저장 위치, 즉 주소를 알면 그 곳에 접근하여 데이터를 저장하거나 읽어올 수 있으며, 또한 저장한 데이터를 다른 값으로 바꿀 수도 있을 것이다.

이렇게 메모리에 임의의 데이터를 저장할 수 있는 공간을 '변수', 그 공간의 주소를 '변수명'이라 한다.

◐ 자료형(Data Type)

우리가 물을 담기 위해서 물컵을 사용하고, 음식을 담기 위해서는 접시를 사용하는 것처럼, 변수는 변수에 담을 자료에 따라 다른 형태를 가진다. 즉 담을 데이터의 형식과 크기에 맞는 저장 공간을 마련해야 한다.

이 때 데이터의 크기는 '자료형'에 의해 결정된다. 자료형이란 데이터의 형식을 말하며, 정수형(integer), 실수형(float) 그리고 문자형(character) 등이 있다. 이 데이터의 형식에 따라 필요한 공간의 크기가 달라진다.

◯ 자료형의 종류와 크기

자료형		크기	데이터
정수형	int	4byte	...−5, −4, −3, −2, −1, 0, 1, 2, 3, 4, 5...
실수형	float	4byte	...−0.2, −0.1, −0.02, −0.01, 0.0, 0.01, 0.02, 0.1, 0.2...
문자형	char	1byte	A~Z, a~z...
논리형	boolean	1byte	true(참) or false(거짓)

* 32비트 기준
* byte는 컴퓨터가 처리하는 정보의 기본단위로, 하나의 문자를 표현하는 단위이다. 8bit=1byte

◯ 변수 선언

이렇게 저장할 데이터 타입을 정하고, 주소를 부여하는 것을 변수를 '선언 한다(declare)'라고 한다. 변수의 선언은 먼저 자료형을 명시하고, 그 뒤에 변수 이름을 써 준다.

```
자료형  변수이름;
int a;    // 정수형 변수 a
float b; // 실수형 변수 b
```

◯ 변수의 초기화

변수를 선언한 후에는 변수를 초기화 해준다. 초기화란 선언한 변수에 처음 값을 저장해주는 것을 말한다. 값을 저장할 때에는 연산자 '='를 사용한다.

```
자료형  변수이름;
변수이름 = 초기값;

int a;          // 정수형 변수 a선언
a = 0;          // 변수 a에 0을 저장

float b;        // 실수형 변수 b선언
b = 1.2;        // 변수 b에 1.2 저장
```

또는 변수 선언과 동시에 초기화를 해 주어도 된다.

```
자료형   변수이름 = 초기값;
int a = 0;        // 정수형 변수 a를 선언하고, a에 0을 저장
float b = 1.2;    // 실수형 변수 b를 선언하고, b에 1.2를 저장
```

그러나 자료형에 따라 변수에 저장할 수 있는 값과 그렇지 않은 값이 있으니, 값의 형식에 주의하도록 한다.

```
int a = 1.2; - 불가능
float b = 1; - 가능
```

○ 변수명 만들기

변수 이름은 사용자가 필요에 따라 직접 만들 수 있다. 주로 소문자를 사용하며, 이미 내장된 변수나 예약어(keyword)는 사용할 수 없다. 예약어는 말 그대로 이미 특정한 용도로 사용이 예약된 이름을 말한다.

```
예) int, float, char, boolean, for, if, .....
```

변수 이름을 설정할 때에는 너무 길지 않도록 하며, 변수 이름으로 저장될 데이터의 종류를 예측할 수 있도록 짓는 것도 좋은 방법이다.

```
예) int dist;  // 거리(distance)에 대한 값을 저장하고 읽기 위한 변수
    float ang; // 각도(angle)에 대한 값을 저장하고 읽기 위한 변수
    float xpos; // 마우스의 x좌표를 저장하고 읽기 위한 변수
```

연 습 문 제

1. 아래와 같은 그림을 그리기 위한 코드이다. for구문을 이용하여 보다 간략하
   게 작성해보자.

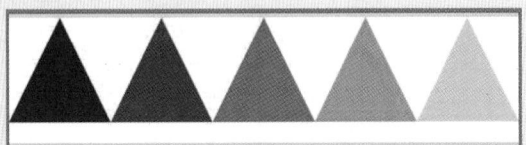

```
size(500, 120);
background(255);
noStroke();

fill(255, 0, 0, 250);
triangle(50, 0, 0, 100, 100, 100);

fill(255, 0, 0, 200);
triangle(150, 0, 100, 100, 200, 100);

fill(255, 0, 0, 150);
triangle(250, 0, 200, 100, 300, 100);

fill(255, 0, 0, 100);
triangle(350, 0, 300,100, 400, 100);

fill(255, 0, 0, 50);
triangle(450, 0, 400, 100, 500, 100);
```

2. 변수(Variable)의 뜻을 간략하게 적어보자.

3. 기본 자료형의 종류에 대해 아는대로 적어보자.

4. 다음과 같은 격자(grid)를 생성하기 위해, 이중 for 구문을 사용해서 코드를 작성해보자.

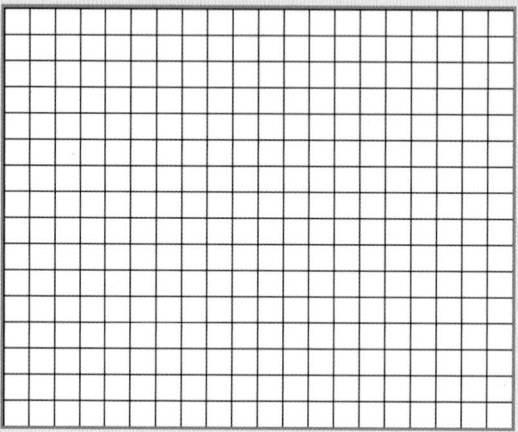

5. 다음과 같이 이중 for 구문을 이용하여 원이 중첩된 패턴을 그려보자. 원이 서로 겹치도록 원의 크기와 간격을 고려하고, 색상에 투명도를 적용해보자.

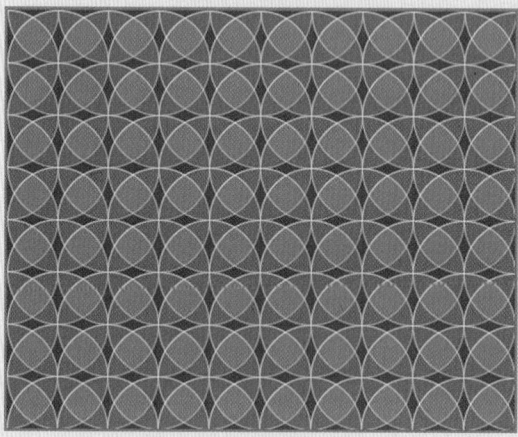

CHAPTER

5

조건의 설계

앞 장에서는 for구문을 이용한 반복을 통해 복잡한 패턴을 보다 쉽고 간략하게 구현할 수 있었다. 이번 장에서는 '조건(Condition)'에 대해 살펴보고자 한다. 프로그래밍에서 조건문이란 어떠한 조건을 만족할 때만 실행되도록 하는 기능이다.

프로세싱에서는 if구문을 통해 다양한 조건들을 설계하고, 그 조건에 따라 그림을 그릴 수 있다. 특히 앞서 배운 for구문과 함께 사용하면 보다 변화무쌍하고 흥미로운 그림을 그릴 수 있다. 뿐만 아니라 마우스, 키보드와 결합하여 인터랙티브한 이미지를 구현할 수도 있다.

if구문을 이용하여 다양한 조건을 설계하고, 변화있는 그림을 그려보자.

만약 a가 5보다 크다면.

만약 b가 0보다 크고 10보다 작다면.

만약 마우스를 클릭한다면.

만약 키보드 'i'을 누른다면.

5.1 if구문을 이용한 조건의 설계

어떠한 조건을 만들기 위해서는 '만약 ~라면'의 뜻을 갖는 'if'를 사용한다. if 구문은 if 다음 괄호 안의 조건을 만족할 경우, 아래의 명령문이 실행된다. 즉 조건에 맞는지 맞지 않는지를 판단하는 boolean 논리를 따른다. (*boolean 이란 참과 거짓 두 가지 값을 갖는 논리이다.)

if 구문의 기본구조는 다음과 같다.

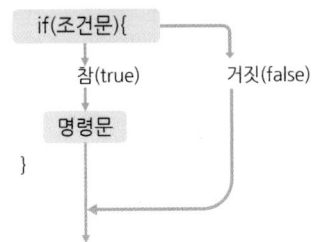

괄호 안의 조건을 만족할 경우 명령문이 실행되며, 조건을 만족하지 않을 경우 실행되지 않는다. 이때 실행될 명령문은 반드시 중괄호로 이루어진 블록 안에 위치한다.

⬤ 학습예제 5-1   if condition

```
int a=20;
if(a<100){
  line(150, 50, 150, 250);
}
```

위의 예제는 우선 정수형 변수 a 에 20을 저장하고, 조건문에서 만약 a가 100보다 작다면, 선을 그리는 명령을 수행하는 코드이다. 변수 a에 저장한 값이 100보다 작으므로, 선이 그려질 것이다.

```
if(a<100)
line(150, 50, 150, 250);
```

만약 if구문 다음에 오는 명령문이 한 줄로 된 코드일 경우, 중괄호가 없어도 된다. 그러나 코드가 여러 줄일 경우, 중괄호가 없다면 if 문 바로 다음에 오는 명령문 한 줄만 실행된다. 여러 개의 명령문을 실행해야 할 경우를 고려하여 항상 중괄호를 써주는 것이 좋다.

5.2 if구문의 확장

if와 함께 else를 이용하면 어떠한 조건을 만족할 때 실행될 명령문과, 조건을 만족하지 않을 때 실행될 명령문을 추가할 수 있다. if 와 else는 각각 한 쌍의 중괄호 블록 구조를 가지며, 중괄호 사이에 명령문이 위치한다. if~else구문의 구조는 다음과 같다.

```
if(조건문){
    명령문1
}
else{
    명령문2
}
```

즉 if의 조건에 만족할 경우, 명령문 1을 실행하고, 그렇지 않으면 명령문 2가 실행된다. 그러나 두 조건 모두 만족하지 않으면 실행되지 않는다.

아래의 예제를 보자. 변수 x의 값이 120 이기 때문에, 첫 번째 조건을 만족하지 않으므로 명령문 2가 실행된다.

● **학습예제 5-2**   if_else

```
size(300, 300);
background(255);
int x=120;

if(x<100){
  line(150, 50, 150, 250); // 명령문1
}
else{
  line(50, 150, 250, 150); // 명령문2
}
```

5.3 다양한 조건 설계

이번에는 if, else를 좀 더 확장하여, else if를 이용하면 여러 개의 조건을 추가할 수 있다. 프로그램이 실행되면, 여러 개의 조건들을 순차적으로 검사하여, 조건에 만족한다면 해당 명령문이 실행된다. else if는 여러 번 사용하면서 조건을 추가할 수 있으며, 맨 마지막에는 else가 온다.

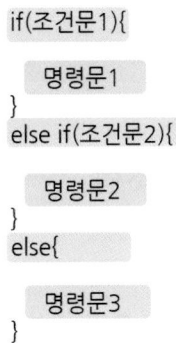

```
if(조건문1){
    명령문1
}
else if(조건문2){
    명령문2
}
else{
    명령문3
}
```

예제 5-3은 변수 x의 값이 30이므로, 조건문1과 조건문2 모두에 만족하지 않는다. 따라서 명령문 3이 실행된다.

🔵 **학습예제 5-3**   if_else if_else

```
size(300, 300);
background(255);
int x=30;

if(x<10){
  line(150, 50, 150, 250);        // 명령문1
}else if(x<20){
  line(50, 150, 250, 150);        // 명령문2
}else{
  line(50, 50, 250, 250);         // 명령문3
}
```

위의 코드를 아래와 같이 줄 바꿈 하여 작성해주어도 된다. 각자 좀 더 보고 읽기 편한 방법을 택하여 사용하자.

```
if(x<10){
  line(150, 50, 150, 250); // 명령문1
}
else if(x<20){
  line(50, 150, 250, 150); // 명령문2
}
else{
  line(50, 50, 250, 250);  // 명령문3
}
```

5.4 for구문과 if구문의 조합

앞장에서 배웠던 for구문과 if구문을 조합하면 더욱 변화 있는 그림을 그릴 수 있다. 예제 5-4는 for구문을 통해 원을 반복적으로 그리는 코드이다. 단 if구문을 사용하여 x좌표가 180이상이면 다른 색상의 원이 그려지도록 한다.

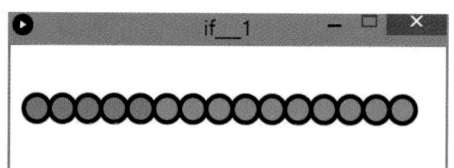

⬤ **학습예제 5-4**   for and if_1

```
size(500, 140);
background(255);
for (int i=30; i <width-30; i+=30){
  strokeWeight(5);
  stroke(0);
  if (i < 180) {
     fill(100, 160, 188);
  }else{
     fill(75, 195, 173);
  }
  ellipse(i, 70, 30, 30);
}
```

아래의 예제는 for구문을 이용하여 선의 간격이 10pixel인 수직선을 그리는 코드이다. 단 if 구문을 사용하여 width를 여러 개의 구간으로 나눈 후, 선의 길이와 색상에 변화를 준다.

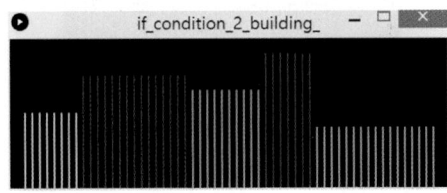

학습예제 5-5　multiple_conditions

```
size(600, 200);
background(0);
strokeWeight(3);

for (int i=20; i<width-10; i+=10) {
  if (i<=100) {
    stroke(255, 255, 0);
    line(i, 100, i, 200);
  } else if (i<=250) {
    stroke(240, 24, 100);
    line(i, 50, i, 200);
  } else if (i<=350) {
    stroke(24, 240, 184);
    line(i, 70, i, 200);
  } else if (i<=420) {
    stroke(0, 70, 255);
    line(i, 20, i, 200);
  } else {
    stroke(255, 182, 0);
    line(i, 120, i, 200);
  }
}
```

조금 더 복잡한 그림을 그려보자. 아래의 예제는 중첩된 for구문과 if구문을 조합하여 패턴을 생성하였다. x와 y방향 모두에 대해 반복된 사선을 그리되, 각 줄의 패턴 방향이 서로 반대가 되도록 한다.

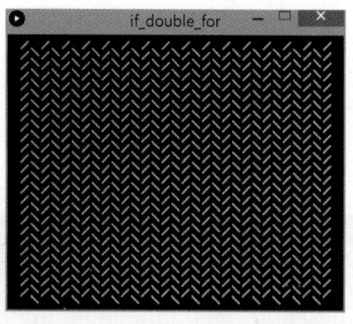

● **응용예제 5-6**　if_double_for

```
size(500, 400);
background(0);
strokeWeight(3);

for (int y=20; y<=height-20; y+=15) {
  for (int x=20; x<=width-20; x+=15) {
    stroke(229, 170, (x+y)*0.4);
// x좌표값을 10으로 나누었을 때 나머지가 0이 되는 위치
// x좌표값이 20에서부터 15씩 증가하므로 x좌표가 20, 50, 80..이 되는 위치
    if (x%10==0) {
      line(x, y, x+10, y-10);
    } else {
      line(x, y, x+10, y+10);
    }
  }
}
```

✎ '%'는 산술연산자로
서, 어떠한 값으로 나
눈 나머지를 말한다.

예제 5-7은 위의 예제와 같이 중첩된 for구문을 사용하여 반복되는 패턴을 그리되, if구문으로 특정 범위 안에서는 다른 색상의 패턴이 그려지도록 한다.

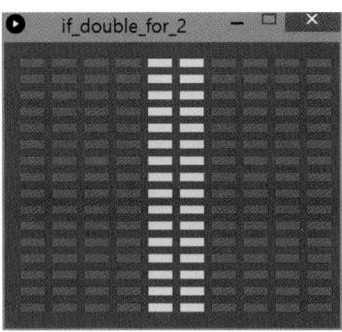

● **응용예제 5-7**　if_double_for

```
size(420, 350);
background(100);
noStroke();

for (int y=20; y<height-20; y+=20) {
  for (int x=20; x<width-20; x+=40) {

    if ((x>150)&&(x<250)) {
      fill(241, 218, 218);
    } else {
      fill(250, 78, 78);
    }
    rect(x, y, 30, 10);
  }
}
```

✏️ '&&'는 논리연산자로 '그리고and'를 의미한다.

○ 연산자(Operator)에 대하여

앞서 여러 예제에서 이미 보았듯이, 변수에 값을 대입하거나 변수의 값을 증가 또는 감소시킬 때, 그리고 반복문이나 조건문에서 값의 범위를 설정할때 연산자를 사용한다. 다양한 연산자에 대해 자세히 살펴보자.

연산자는 다양한 연산을 수행하는 기호를 말하며, 그 종류가 매우 다양하다. 또한 일반적으로 수학에서 사용하는 연산자와 프로그래밍에서 사용하는 연산자는 그 의미가 같은 것도 있지만, 전혀 다른 의미를 지니는 것도 있다.

x값이 20이라고 가정할 때, 연산자의 의미와 결과 값은 다음과 같다.

1. 산술 연산자(Arithmetic Operator)

산술 연산은 덧셈, 뺄셈, 곱셈, 나눗셈의 사칙연산을 말하며, 산술 연산자는 산술 연산을 위한 기호들을 뜻한다.

연산자	의미	예제	결과 값
+	더하기	x+10	30
−	빼기	x-10	10
*	곱하기	x*2	40
/	나누기	x/5	4
%	나눈 나머지	x%5	0

2. 대입 연산자(Assignment Operator)

기본적인 대입 연산자는 등호(=)이다. 등호는 일반 수학에서 '같다'라는 의미이지만, 프로그래밍에서는 오른쪽의 피연산자를 왼쪽의 피연산자에 '대입(할당)'하는 것을 뜻한다.

연산자	의미	예제	풀이	결과 값
=	값을 대입한다	x=10	x에 10을 대입한다	10
+=	더한 값을 대입한다	x+=10	x에 10을 더한 값을 x에 대입한다	30
-=	뺀 값을 대입한다	x-=10	x에서 10을 뺀 값을 x에 대입한다	10
*=	곱한 값을 대입한다	x*=10	x에 10을 곱한 값을 x에 대입한다	200
/=	나눈 값을 대입한다	x/=10	x를 10으로 나눈 값을 x에 대입한다	2
%=	나눈 나머지의 값을 대입한다	x%=10	x를 10으로 나눈 나머지를 x에 대입한다	0

*x의 값이 20일 때

즉 x=x+10; 은

　x+=10; 으로 표현할 수 있다.

3. 비교 연산자(Comparing Operator)

비교 연산자는 두 개의 값을 비교하여 참 또는 거짓과 같은 논리(bool)형으로 결과값을 반환하는 연산자이다. 주로 if 구문에서 조건에 대한 참, 거짓을 판단할 때 사용된다.

아래의 표에서 볼 수 있듯이 일반 수학에서 작거나 같다를 뜻하는 '≤'가 프로그래밍에서는 '<=', 크거나 같다를 뜻하는 '≥'는 '>='로 표현함을 알 수 있다.

뿐만 아니라 수학에서 같다를 뜻하는 '='는 프로그래밍에서 '=='로 표현함을 꼭 기억하자.

연산자	의미	예제	풀이
〉	크다	if(x〉10)	x가 10보다 크다면
〈	작다	if(x〈10)	x가 10보다 작다면
〉=	크거나 같다	if(x〉=10)	x가 10보다 크거나 같다면
〈=	작거나 같다	if(x〈=10)	x가 10보다 작거나 같다면
==	같다	if(x==10)	x가 10이라면
!=	같지 않다	if(x!=10)	x가 10이 아니라면

4. 논리 연산자(Logical Operator)

논리 연산자는 두 개 이상의 비교식을 하나의 식으로 결합하여 참 또는 거짓의 결과값을 반환하는 연산자이다. 논리곱(AND), 논리합(OR), 논리 부정(NOT) 등이 있다.

연산자	의미	예제	풀이
&&	그리고(AND)	if(x〉10 && x〈50)	만약 x가 10보다 크고 50보다 작다면(두 조건이 모두 만족할 경우)
||	또는 (OR)	if(x〉10 || x〈50)	만약 x가 10보다 크거나 또는 50보다 작다면(두 조건 중 하나라도 만족할 경우)
!	~가 아닌(NOT)	if(x !100)	만약 x가 100이 아니라면

5. 증감 연산자(Increment and Decrement Operator)

값을 1씩 증가 또는 감소시키는 연산자이다.

연산자	의미	예제	풀이
++	증가	x++;	x값을 1 증가시킨다.
--	감소	x--;	x값을 1 감소시킨다.

6. 연산의 우선순위(Operator Precedence)

다양한 연산자들이 복합적으로 사용된다면, 어떠한 연산을 먼저 해야할까?

연산에는 우선순위가 존재한다. 아래의 경우에는 가장 먼저 괄호 안의 계산을 해 준 다음, 곱셈, 그리고 왼쪽의 + 부터 순서대로 계산한다.

```
3+(6-4)+5*2+1

int a = (1-2) + (3*5);
```

연산의 순서는 다음과 같다.

① 괄호 우선

② 증감 연산(++, --)

③ 곱하기와 나누기(*, /, %)

④ 더하기와 빼기(+, -)

⑤ 비교 연산(<, >, <=, >=)

⑥ 논리 연산(&&, ||)

⑦ 대입 연산(+=, -=, *=, /=, %=)

1. if 구문에서 여러 개의 조건을 만들기 위해서는 _____ 을 사용한다.

2. 참 또는 거짓을 판별하는 자료형은 무엇인지 적어보자.

3. 다음 두 식이 의미하는 바를 각각 적어보자.
   ① a=10;
   ② a==10;

4. 그림과 같이 x좌표의 한 지점을 기준으로, 서로 반대방향의 사선이 그려지도록 첩된 for구문과 if구문을 이용하여 코드를 작성해 보자.

```
for(   ){
   for(   ){
      if(   ){

      }else{

      }
   }
}
```

5. 그림과 같이 반복되는 패턴 내부의 특정 영역에 ellipse의 색상이 다르게 적
   용되도록 중첩된 for구문과 if, else if, else구문을 이용하여 코드를 작성해
   보자.

```
for(   ){
   for(   ){
      if(   ){

      }else if{

      }else{

      }
   }
}
```

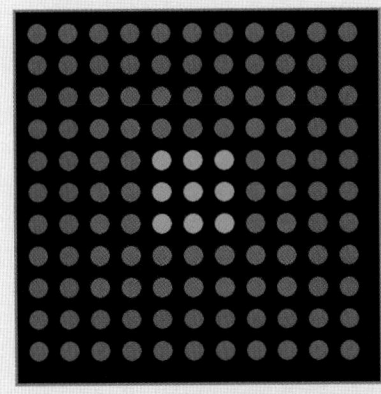

CHAPTER

6

무작위성 더하기

지금까지는 우리가 예상하고 계획한대로 그림을 그렸다. 이제부터는 '무작위'를 뜻하는 '랜덤 (random)'라는 개념을 이용하여 그림에 다양한 변화와 재미를 더해보고자 한다.

모든 요소들의 위치, 크기 및 색상을 정확하게 계산하여 그리는 것이 아니라, 무작위적이고 자유 로운 그림을 그리는 것이다.

프로세싱에서 random()함수와 noise()함수는 임의의 수를 발생한다. 이를 이용하여 다양하고 변화 있는 그림을 그려보자.

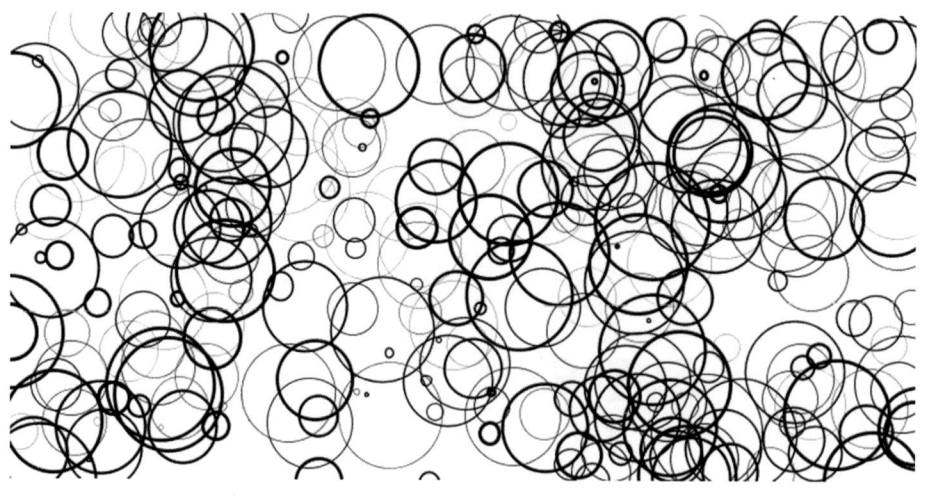

6.1 난수를 발생하는 random()함수

random()

random()함수는 괄호 안에 하나 혹은 두 개의 매개변수를 갖는다. 매개변수가 하나일 경우, 0에서부터 매개변수 값 사이의 범위 안에서 임의의 수를 발생한다. 매개변수가 두 개일 경우에는 두 매개변수 사이의 범위 안에서 임의의 수를 발생한다. 이렇게 특정한 순서나 규칙을 가지지 않는 수를 '난수(random number)'라 한다.

```
random(100);      // 0부터 100사이의 값을 무작위로 발생
random(10, 100);  // 10부터 100사이의 값을 무작위로 발생
```

예제를 통해 random()함수가 발생하는 난수를 확인해보자. 아래의 예제는 random()함수에 의해 발생된 난수를 콘솔창에 출력하는 코드이다.

⬤ 학습예제 6-1   random_value

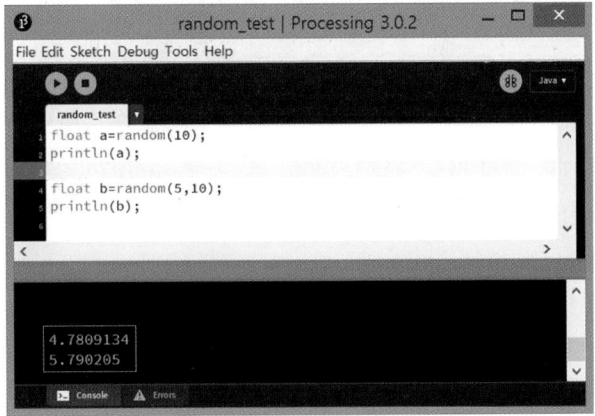

println()함수를 이용해서 발생된 난수를 출력해본 결과, random(10)은 4.7809134, random(5,10)은 5.790205라는 수를 발생했음을 확인할 수 있다. random()함수는 프로그램을 실행할 때마다 매번 다른 난수를 발생한다.

▓ 캐스팅(Casting)

그런데 위의 예제에서 출력된 값을 자세히 보면, 소수점이 있는 수를 발생함을 알 수 있다. 즉 random()함수는 실수형 값을 발생한다. 따라서 변수 a와 b의 자료형을 float로 지정하였다.

만약 이러한 실수형태의 난수를 정수(int)의 형태로 변환하고자 한다면, 변수의 자료형을 int 로 지정하고, random()함수를 int()함수로 감싸준다. 이렇게 본래의 자료형을 다른 자료형으로 형변환하는 것을 '캐스팅'이라고 한다. 아래의 예제를 통해 확인해보자.

● **학습예제 6-2** float_int_casting

int()함수를 사용해서 자료형을 변환 해 준 후, println()함수를 이용해서 값을 출력해보았다. random()함수에 의해 발생된 수가 소수가 아닌 정수 형태임을 확인할 수 있다.

6.2 random()함수의 다양한 활용

random()함수는 프로그램이 실행될 때마다 새로운 난수를 발생한다. 즉 같은 코드임에도 불구하고 매번 다른 이미지를 생성할 수 있다. 이와 같은 특성을 도형의 위치, 크기, 색상 등 다양한 요소에 활용해보자.

1 랜덤한 위치

선을 그리기 위해서는 시작점과 끝점의 위치가 필요하다. 윈도우 사이즈의 범위 안에서 시작점과 끝점의 위치에 random()함수를 적용해 보자.

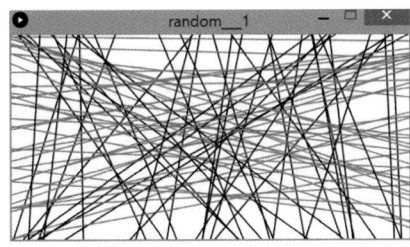 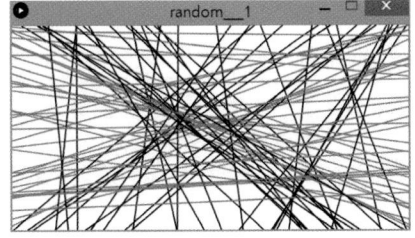

● 학습예제 6-3   random_position_line

```
size(600, 300);
background(255);

smooth();
strokeWeight(2);

for(int i=0; i<40; i++){   // 40개의 선
  stroke(255, 100, 0);
  line(0, r andom(300), 600, random(300));   // 주황색 선
  stroke(0);
  line(random(600), 0, random(600), 300);    // 검은색 선
}
```

> ✏️ i의 값을 40보다 작을 때까지 1씩 증가시킨다. 즉 40개의 선을 그린다.

2 랜덤한 크기

이제는 도형의 위치와 크기에 random()함수를 적용해 보자. 원의 폭과 넓이에 random()함수를 적용하면 매번 다른 크기의 원들이 그려진다.

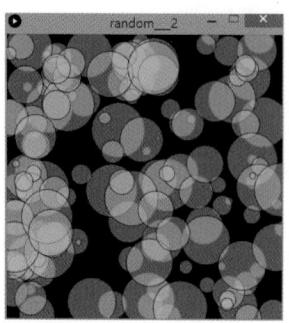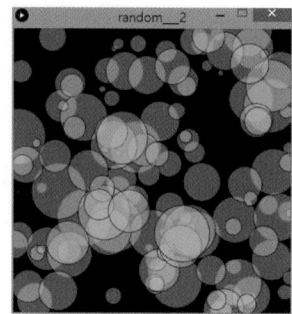

⬤ **학습예제 6-4**   random_size_ellipse

```
size(500, 500);
background(0);

smooth();
stroke(5);

for(int i=0; i<100; i++){   // 100개의 원
  float x=random(500);
  float y=random(500);
  float r=random(10, 100);

  fill(12, 210, 240, 125);
  ellipse(x, y, r, r);
}
```

3️⃣ 랜덤한 색상

색상에도 random()함수를 적용할 수 있다. 프로그램이 실행될 때 마다 외곽선 및 채우기 색에 변화를 적용해보자. 매개변수 값들의 범위가 클수록 더욱 다양한 크기, 위치 및 색상이 표현된다.

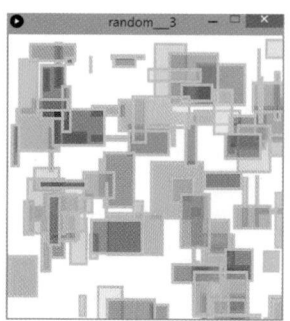

◯ **학습예제 6-5**　random_color_rect

```
size(500, 500);
background(255);

stroke(random(255), random(255), random(255));
strokeWeight(5);
smooth();

for(int i=0; i<100;i++){          // 100개의 사각형
  float x=random(500);
  float y=random(500);
  float w=random(10, 100);
  float h=random(10, 100);

  fill(random(255), random(255), random(255), 125);
  rect(x, y, w, h);
}
```

6.3 부드러운 난수를 발생하는 noise()함수

프로세싱에서 난수를 발생하는 함수 두 가지는 random()함수와 noise()함수가 있다. noise()함수는 Ken Perlin에 의해 개발되어 그의 이름을 딴 Perlin noise 기술로 구현되어 있다.

이 noise()함수는 난수를 생성하되, random()함수에 비해 훨씬 부드럽고 자연스러운 난수를 발생한다는 특징이 있다. 따라서 구름, 지형과 같이 다양한 자연 효과를 프로그래밍 할 때 유용하게 사용된다.

noise()함수는 1~3개의 매개변수를 가지며, 발생되는 난수의 값은 0.0에서 1.0사이의 범위를 갖는다.

> Perlin은 1980년대 초 한 영화작업 중에, 자연적 질감(texture)을 시뮬레이션 하기위해 노이즈 함수를 개발하게 되었다.

```
noise(x);
noise(x, y);
noise(x, y, z);
```

noise()함수에서 중요한 개념은 '시간(time)'이다. 즉 noise()함수는 시간에 따라 연속적인 값을 생성해 낸다. 예제 6-6은 화면의 너비 만큼에 noise() 함수에 의해 생성된 점을 찍는 코드이다.

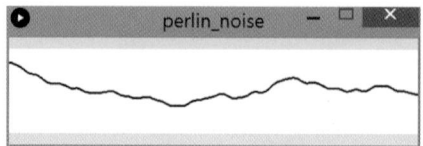

● **학습예제 6-6**   noise_wave

```
size(500, 100);
background(255);
strokeWeight(2);

float t = 0.0;
for(int i = 0; i < width; i++) {

  float y = noise(t)*height;    // y좌표에 noise적용
  point(i, y);
  t+= 0.01;
}
```

여기에서 t 값이 증가한다는 것은 시간의 간격이 커진다는 것을 의미한다.

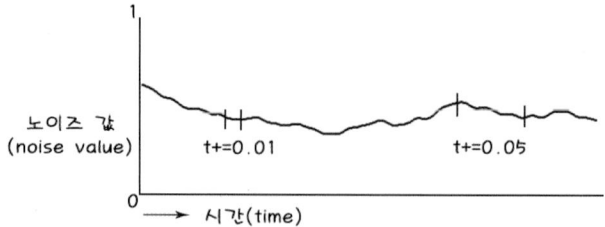

위의 코드에서 t 의 값을 0.01에서 0.05로 증가시켰더니, 아래와 같은 결과를 보였다.

즉 t 값이 작을수록 바로 이전에 발생했던 값과 가까운 값이 발생되어 부드러운 형태의 그림이 그려진다.

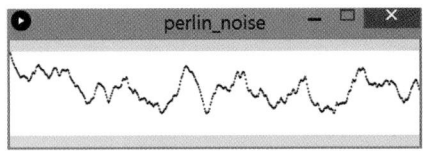

이러한 noise()함수의 특징을 응용해보자. 예제 6-7은 x좌표에 noise()함
수를 적용하여 원에 움직임을 준 예제이다. 변수 t_increment 의 값을 점점
증가시키거나, noise()함수 대신 random()함수를 사용한 후, 원의 움직임
을 비교해 보자.

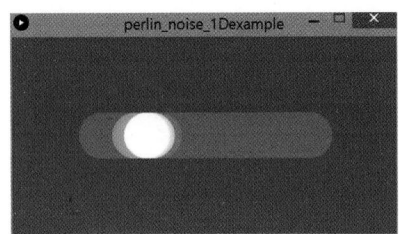

● 응용예제 6-7 noise_1D

```
float t = 0.0;
float t_increment = 0.01;
//float t_increment = 0.05;

void setup() {
  size(600, 300);
  background(0);
  noStroke();
}

void draw() {
  fill(66, 121, 78, 10);
  rect(0, 0, width, height);

  //float n = random(0, width);
  float n = noise(t)*width;
  t += t_increment;

  fill(255);
  ellipse(n, height/2, 70, 70);
}
```

*예제 6-7의 코드는 프로세싱 예제 → basic → math → noise1D를 참고하였다. 또한 void set-
up()과 void draw()으로 이루어진 동적 구조는 7장에서 자세히 다루었다.

noise()함수를 이용해서 다음과 같은 풍경을 구현해보자.

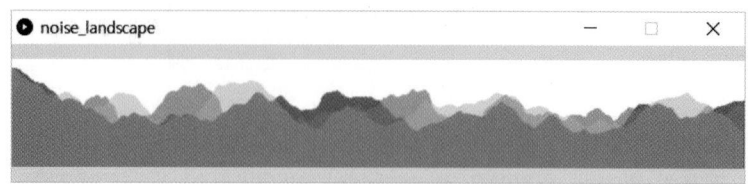

● 응용예제 6-8   noise_landscape

```
size(700, 100);
background(255);
strokeWeight(2);

float t1 = 0.0;
float t2 = 0.0;
float t3 = 0.0;

for(int i = 0; i < width; i++) {

  float y1 =noise(t1, t2)*height;
  stroke(220);
  line(i, y1, i, 500);

  float y2 =noise(t2, t3)*height;
  stroke(170);
  line(i, y2, i, 500);

  float y3 =noise(t3, t1)*height;
  stroke(120);
  line(i, y3, i, 500);

  t1+= 0.01;
  t2+= 0.014;
  t3+= 0.018;
}
```

연습문제

1. 특정한 순서나 규칙을 가지지 않는 수를 가리켜 무엇이라고 하는지 적어보자.

2. 본래의 자료형에서 다른 자료형으로 변환하는 것을 무엇이라고 하는지 적어
   보자.

3. noise()함수가 발생하는 난수의 범위를 적어보자.

4. 이중 for구문을 사용하여 다음과 같은 패턴을 생성하고, 색상에 random()함
   수를 적용해서 아래와 같은 이미지를 구현해보자.

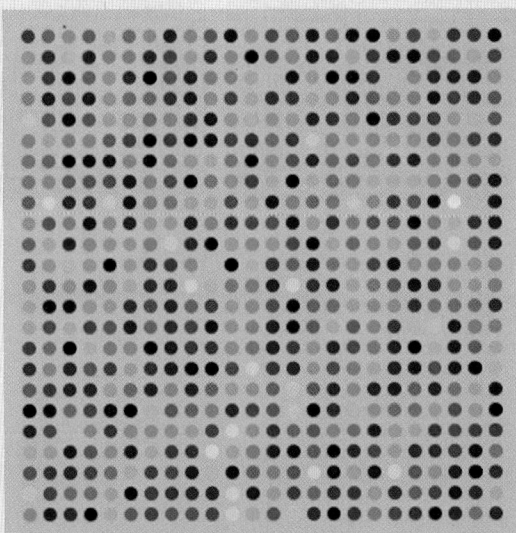

5. 미국의 추상표현주의 화가 잭슨폴록(Paul Jackson Pollock,1912~1956) 이 물감을 뿌려 표현했던 액션 페인팅(Action Painting) 작품처럼, random()함수를 이용하여 추상적인 이미지를 표현해보자.

```
for(...){
  strokeWeight(random(2, 4));
  ....

}
```

(*왼: 잭슨폴록의 No.5 작품의 일부, 출처:https://www.jackson-pollock.org/number-5.jsp)

7

이미지에 움직임을

Abstract

우리는 앞에서 반복, 조건, 랜덤 등을 이용하여 그림에 다양한 변화를 적용하였다. 그러나 그것들은 움직임이 없는 정지된 이미지였다. 프로세싱에서는 setup()과 draw()함수를 이용한 동적 구조를 사용하여 매 프레임마다 변화하는 역동적인 이미지를 구현할 수 있다.

이번 장에서는 이러한 동적 구조를 바탕으로 도형의 크기 및 위치변화 그리고 물리적 세계의 규칙과 수학적 개념을 적용한 움직임에 대해 살펴보고자 한다.

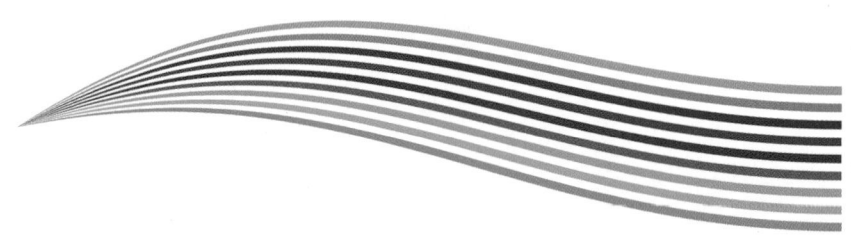

아래의 그림은 6장 예제 6-4의 코드를 일부 수정하고, setup()과 draw()구
조를 적용한 결과이다. 즉 프로그램을 실행했더니 '매 프레임'마다 다른 그
림을 생성하였다. 원래의 코드와 동적 모드가 적용된 코드 및 결과를 비교
해 보자.

● 학습예제 7-1   random_active

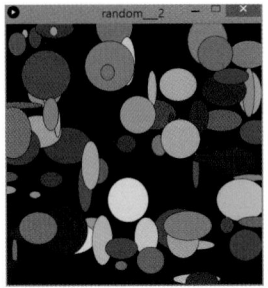 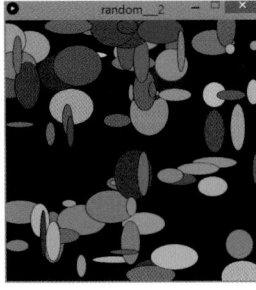 

〈6장 예제 6-4코드〉

```
size(500, 500);
background(0);
smooth();
stroke(5);
for(int i=0; i<130; i++){
  float x=random(500);
  float y=random(500);
  float r=random(10, 100);

  fill(12, 210, 240, 125);
  ellipse(x, y, r, r);
}
```

〈void setup(), void draw()구조로 작성한 코드〉

```
void setup() {

  size(500, 500);
  smooth();
  stroke(5);
}

void draw() {
  background(0);

  for (int i=0; i<130; i++) {
    float x=random(500);
    float y=random(500);
    float r=random(10, 100);
    float f=random(10, 100);

    fill(random(255), random(255), random(255));
    ellipse(x, y, r, f);
  }
}
```

7.1 프로세싱의 기본구조

▦ 정적 모드와 동적 모드

프로세싱에는 크게 두 가지 작동방식이 존재하는데, 바로 정적(static)모드 와 동적(active)모드 방식이다. 지금까지 우리가 해왔던 것은 정적모드 방식으로 비교적 간단한 프로그램이나 움직임이 없는 이미지를 구현할 때 사용한다.

그러나 이미지에 움직임을 적용하거나, 마우스, 키보드와 같은 장치를 통해 입력되는 값에 따라 반응하는 이미지를 구현하고자 할 때에는 동적 모드를 사용해야 한다.

```
void setup(){
  // 가장 먼저, 한 번만 실행되는 코드
  // 프로그램의 기본사항 및 설정에 관련된 코드
}

void draw(){
  // 프로그램이 종료될 때까지
  // 반복적으로 실행되는 코드
}
```

동적 모드를 구현하기 위해서는 setup()과 draw()함수를 사용한다. setup() 함수는 프로그램이 시작할 때, '가장 먼저', '한 번만' 실행되는 함수이다. 따라서 윈도우 사이즈나 배경색, 도형의 공통적인 속성 등 프로그램에 대한 기본적인 설정에 관련된 함수들이 setup()함수 안에 포함된다.

draw()함수는 setup()함수가 실행된 후, 프로그램이 종료될 때까지 반복되어 실행되는 함수이다. 주로 화면에 무엇인가를 출력하는 역할을 한다.

중요한 것은 프로그램마다 하나의 setup()과 draw()함수를 가질 수 있으며, 그 외에는 필요에 따라 사용자가 정의한 함수를 사용할 수 있다.

만약 다음과 같은 코드가 있을 때, 프로그램은 아래와 같은 순서로 실행된다. setup()함수는 프로그램이 실행될 때 가장 먼저 한번만 실행되며, draw()함수는 stop버튼을 누르기 전까지 반복적으로 실행된다.

```
 void setup(){
   step 1A
   step 1B
 }

void draw(){
   step 2A
   step 2B
   step 2C
 }
```

*setup()함수와 draw()함수는 각각 중괄호의 쌍으로 이루어진 블록 구조가 되어야 한다.

❊ **프로그램 실행 순서**

1A ▶ 1B ▶ 2A ▶ 2B ▶ 2C ▶ 2A ▶ 2B ▶ 2C ▶ ....

7.2 변수의 증감

1 크기의 변화

이제 동적 모드를 이용하여 움직임이 있는 이미지를 다양하게 구현해보자.

아래의 예제는 원의 크기가 점점 커지는 코드이다. draw()함수가 반복 실행되면서 원의 폭(width)과 높이(height)에 해당하는 변수 d의 값이 1씩 증가하게 됨에 따라 원의 크기가 점점 커지게 된다.

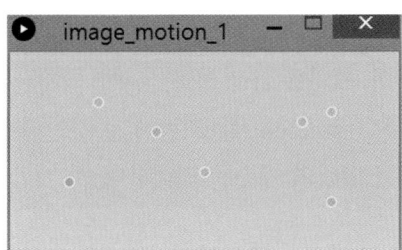
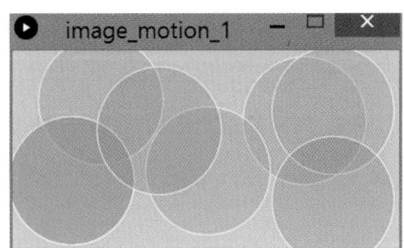

● **학습예제 7-2**   circle_size

```
float d=0;                    // 실수형 변수 d

void setup(){
  size(400, 200);
  stroke(255);
}
void draw(){
  background(179, 217, 242);

  fill(115, 192, 242, 125);    // 파란 원
  ellipse(300, 70, d, d);
  ellipse(330, 60, d, d);
  ellipse(90, 50, d, d);
  ellipse(200, 120, d, d);

  fill(98, 191, 206, 125);     // 녹색 원
  ellipse(60, 130, d, d);
  ellipse(60, 130, d, d);
  ellipse(150, 80, d, d);
  ellipse(330, 150, d, d);

  d+=1;                        // 매 프레임마다 원의 폭과 높이가 1씩 증가
}
```

만약 여기에서 원이 커지는 속도를 조절하려면 어떻게 해야 할까?

방법은 두 가지이다.

- 변수 d에 더해지는 값을 조절
- frameRate를 조절

첫 번째 방법은 변수 d에 더해지는 값의 크기를 조절하여, 원이 커지는 속도를 조절할 수 있다. 두 번째 방법은 frameRate를 조절하는 것인데, frameRate란 초당 화면에 디스플레이되는 그림의 개수를 의미한다.

frameRate(fps)

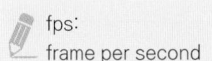

fps:
frame per second

프로세싱에서는 기본적으로 1초에 60개의 그림이 디스플레이 된다. 즉 draw()함수가 초당 60번 반복 실행되는 것이다.

그러나 frameRate()함수를 이용하면 초당 프레임의 개수를 조절하여, 그림의 변화 속도를 제어할 수 있다. 즉 프레임 수가 적으면 천천히, 프레임 수가 많으면 빨리 변화하게 된다.

아래의 예제는 x좌표가 10pixel씩 증가하며 선이 순차적으로 그려지는 코드이다. frameRate를 조절하면서 선이 그려지는 속도를 비교해보자.

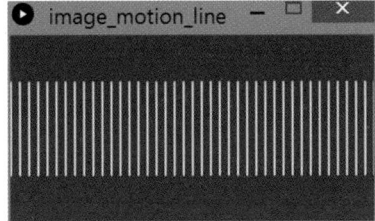

● 학습예제 7-3   frameRate_line

```
float x=0;

void setup(){
  size(400, 200);
  background(222, 43, 43);
}

void draw(){
  frameRate(30);
  //frameRate(10);
  //frameRate(5);

  stroke(255);
  strokeWeight(2);
  line(x, 50, x, 150);
  x+=10;
}
```

2 특정 방향으로 이동하기

이번에는 위치의 이동에 대해 알아보자.

이미지 요소의 x좌표 혹은 y좌표 값을 증가시키게 되면, 매 프레임마다 해당 방향으로 이동하게 된다. 아래의 예제는 버스가 왼쪽에서 오른쪽으로 이동하는 움직임을 주기 위해서, draw()함수가 반복 실행될 때마다 x좌표의 값이 증가되도록 하였다.

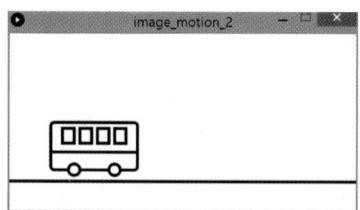

● 학습예제 7-4　motion_bus

```
float d=0;

void setup(){
  size(600, 300);
  stroke(0);
  strokeWeight(5);
  fill(255);
  smooth();
}

void draw(){
  background(255);

  rect(0+d, 150, 150, 80, 7);      // 버스 body
  rect(20+d, 160, 20, 25);         // 창문
  rect(50+d, 160, 20, 25);
  rect(80+d, 160, 20, 25);
  rect(110+d, 160, 20, 25);

  line(0+d, 200, 150+d, 200);      // 버스 라인
  line(0, 250, 600, 250);          // 그라운드
  ellipse(40+d, 230, 20, 20);      // 바퀴
  ellipse(110+d, 230, 20, 20);

  d+=3;                            // 이동 속도
}
```

마지막 매개변수는 원의 모서리의 둥글기를 뜻한다.

3 화면을 벗어나면 처음 위치로 돌아오기

버스의 이동을 좀 더 세부적으로 컨트롤 해보자. 버스가 화면 밖으로 사라졌다가 다시 처음으로 돌아오도록 한다.

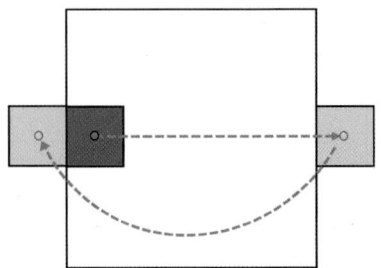

아래의 그림과 같이 버스가 왼쪽에서 오른쪽으로 이동하다가 x좌표의 값이 600이상이 되면, 다시 처음으로 되돌아오도록 하는 것이다. 이 때 버스의 길이가 150 pixel이므로, 버스의 길이를 고려하여 0이 아닌 −150으로 돌아가도록 하면, 보다 자연스러운 움직임을 연출할 수 있다.

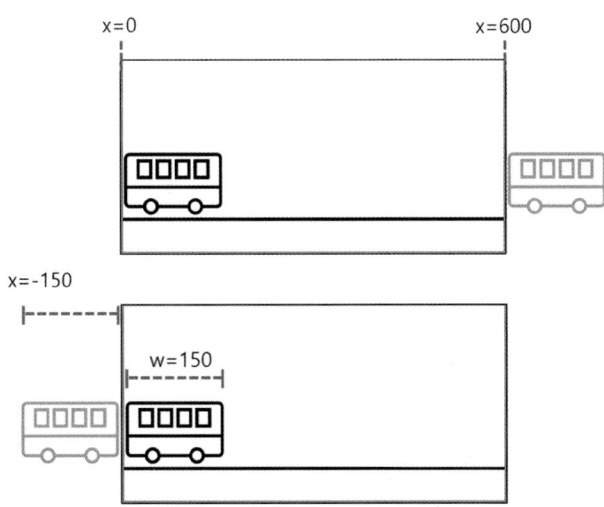

따라서 위와 같은 움직임을 주기 위해서는 예제 7−3 코드 하단 부분에 아래의 코드를 삽입한다.

```
if(d>=600){      // 화면 가장자리와 만났을 때,
  d=-150;        // 버스의 길이(150pixel)을 고려하여 처음으로 되돌아간다.
}
```

4 화면의 가장자리에 닿으면 반대방향으로 이동하기

두 번째는 버스가 화면 가장자리를 만나면 반대로 움직이도록 하는 것이다. 이를 위해서 변수 direction을 사용하여, 버스가 화면 양쪽 가장자리에 닿게 되면, 방향을 전환하도록 direction에 (−) 값을 적용한다.

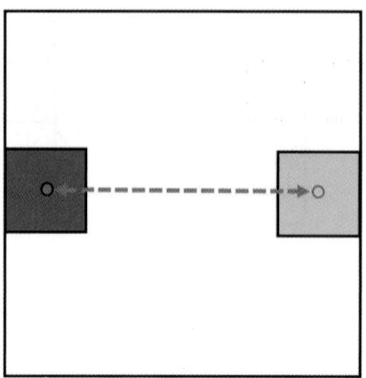

● **학습예제 7-5**   motion_bus_2

```
float d=0;
float speed=2.0;        // 버스가 움직이는 속도를 결정
float direction=1;      // 버스가 움직이는 방향

void setup(){
  size(600, 300);
  stroke(0);
  strokeWeight(5);
  fill(255);
  smooth();
}

void draw(){
  background(255);

  rect(0+d, 150, 150, 80, 7);

  rect(20+d, 160, 20, 25);
  rect(50+d, 160, 20, 25);
  rect(80+d, 160, 20, 25);
  rect(110+d, 160, 20, 25);
```

```
   line(0+d, 200, 150+d, 200);
   line(0, 250, 600, 250);
   ellipse(40+d, 230, 20, 20);
   ellipse(110+d, 230, 20, 20);


   d=d+speed*direction;     // x좌표의 위치



  if(d>=450 || d<=0){      // 버스가 화면의 왼쪽이나 오른쪽
                           // 가장자리에 닿는다면
    direction=-direction;  // direction을 -값으로 하여 방향을 바꿔준다.
  }
}
```

> 논리 연산자 '||'은 A 이거나 또는 B를 뜻하는 'or'을 의미한다. 즉 두 가지 조건 중 하나만 만족해도 아래의 명령문을 실행하라 라는 뜻이다.

7.3 트위닝^{Tweening}을 이용한 자연스러운 움직임

영상 제작에 있어서 트위닝이란 프레임과 프레임 사이를 자연스럽게 애니메이션 해주는 것을 말한다. 즉 두 이미지 사이의 중간 프레임들을 생성하는 것이다.

프로세싱에서 트위닝은 도형의 시작지점과 도착지점 사이의 위치들을 계산하여 자연스럽게 이동하게 해준다.

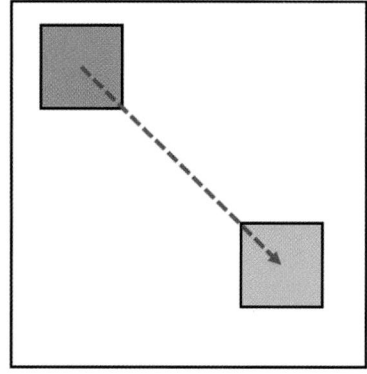

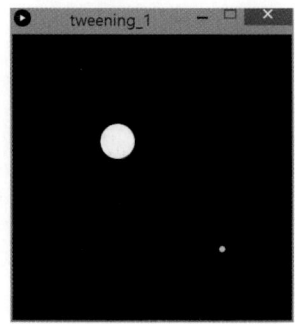

● 학습예제 7-6   tweening_rect

```
float startX = 50;       // 시작점의 좌표
float startY = 50;

float stopX = 300;       // 도착점의 좌표
float stopY = 300;

float x = startX;        // 현재위치
float y = startY;

float step = 0.01;       // 이동 속도(0.0~1.0 사이의 범위)
float pct = 0.0;         // 이동 비율(0.0~1.0 사이의 범위)

void setup() {
  size(400, 400);
  smooth();
}

void draw() {
  background(0);

  if (pct < 1) {                         // 도착점에 다다르기 전까지
    x = startX + ((stopX-startX) * pct);   // 현재 도형의 x좌표의 위치
                    //(현재지점=시작점+((끝점-시작점)*이동 비율))
    y = startY + ((stopY-startY) * pct);   // 현재 도형의 y좌표의 위치
    pct += step;
  }
  fill(255, 255, 0);
  ellipse(stopX, stopY, 10, 10);     // 도착점 표시

  fill(255);
  ellipse(x, y, 50, 50);
}
```

코드를 자세히 살펴보면, 시작지점에서 도착지점까지 이동해야 하는 거리를 1이라고 보았을 때, step의 크기만큼 pct가 증가하면서 도형이 이동하고 있다. 여기서 step 값을 증가시키면, 도형의 이동속도가 빨라진다.

예제 7-6을 응용하여 도형을 랜덤한 위치로 이동시켜보자. 도형의 이동거리가 짧을수록 이동속도가 느려지게 된다.

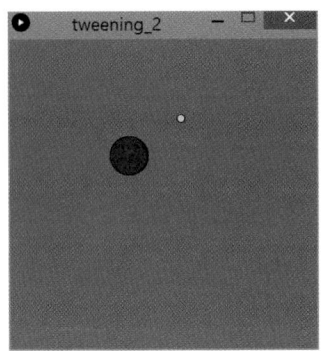

● 응용예제 7-7   tweening_random

```
float startX = 50;
float startY = 50;
float stopX = 150;
float stopY = 150;
float x = startX;
float y = startY;
float step = 0.01;
float pct = 0.0;

void setup() {
  size(400, 400);
  smooth();
}

void draw() {
  background(125);

  x = startX + ((stopX-startX) * pct);
  y = startY + ((stopY-startY) * pct);
  pct += step;

  if(pct>1) {
    pct = 0;
```

```
    startX = x;
    startY = y;
    stopX = random(0, width);        // 도착점_무작위로 선정
    stopY = random(0, height);
  }
  fill(255, 255, 0);
  ellipse(stopX, stopY, 10, 10);     // 도착점 표시
  //println(stopX, stopY);

  fill(255, 0, 0);
  ellipse(x, y, 50, 50);
}
```

7.4 물리적 세계의 규칙을 이용한 움직임

물리적 세계는 속도, 가속도, 중력, 마찰 등으로 이루어져 있다. 프로세싱
에서는 이와 같은 규칙들을 이미지 요소에 적용하여 사실적인 움직임을 시
뮬레이션 할 수 있다.

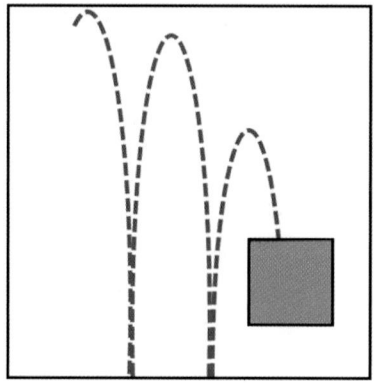

⊞ 속도(velocity)

```
float velocity = -3;
```

우리는 앞의 예제 7-5에서 speed와 direction에 대해 들은바 있다. 일반적으로 velocity와 speed는 모두 속도를 의미하지만, 정확하게 말하면 velocity는 속도(speed)에 방향(direction)을 더한 개념이다. 만약 velocity 가 −3이라면, speed는 3의 크기, direction는 (−) 즉 반대 방향을 의미한다.

⊞ 가속도(acceleration)

```
float acceleration = 0.01;
```

가속도는 운동하는 물체의 속도변화를 의미한다. 즉 물체가 같은 속도로 움직이는 것이 아니라, 속도에 변화를 줄 수 있다. 가속도가 0.0보다 클 경우, 속도는 매 프레임마다 증가한다.

⊞ 중력(gravity)

```
float gravity = 0.98;
```

모든 물체는 중력이 작용하여 아래로 떨어진다. 중력이 작게 작용하면 물체가 떨어지는 속도가 느려진다.

⊞ 마찰(friction)

```
float friction = 0.01;
```

물체와 물체가 접촉한 상태에서 움직이고 있을 때, 접촉면에서 운동을 방해하는 힘을 말한다. 마찰계수가 클수록 속도가 감소한다.

위와 같은 물리적 특성을 적용하여 사실감 있는 움직임을 구현해 보자. 공이 위에서 아래로 떨어질 때, 공이 지면에 닿으면 반대로 튕기도록 속도에 −bounce 값을 곱해준다. 중력 값을 0.0~1.0 사이에서 다양하게 변화시켜 보며 차이를 느껴보자.

● **학습예제 7-8**   vel_grav

```
float x = 150;
float y = 50;
float velocity = 0;
float gravity = 0.98;
float bounce = -1;

void setup()
{
  size(300, 600);
  smooth();
  noStroke();
}
void draw()
{

  fill(0, 80);
  rect(0, 0, width, height);

  fill(255, 255, 0);
  ellipse(x, y, 50, 50);

  velocity += gravity;
  y += velocity;
```

```
   if(y > height-20)
   {
     velocity *= bounce;
   }

}
```

예제 7-9는 속도, 중력, 마찰 뿐 아니라, 생성된 에너지가 시간 또는 거리
에 따라 점점 감소하도록 제동(damping)값을 적용하였다.

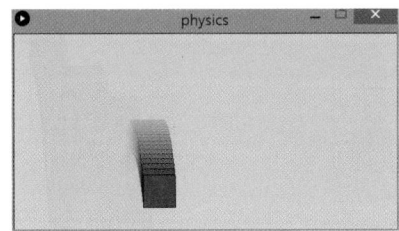

🔵 **학습예제 7-9** vel_grav_damp

```
float x, y, w, h;
float xSpeed, ySpeed;
float gravity;
float fraction;
float damping; // 생성된 에너지가 시간 또는 거리에 따라 점점 감소

void setup(){
  size(500, 300);
  x=random(400);
  w=50;
  h=50;

  xSpeed=1;
  gravity=0.5;
  fraction=0.9;
  damping=0.9;

}

void draw(){
  noStroke();
  fill(200, 30);
```

```
    rect(0, 0, 600, 300);

    fill(255, 0, 0);
    stroke(0);
    rect(x, y, w, h);

    x+=xSpeed;
    ySpeed+=gravity;
    y+=ySpeed;

    if(x>width-w){
      x=width-w;
      xSpeed*=-1;
    }
    else if(x<0){
      x=0;
      xSpeed*=-1;
    }
    else if(y>height-h){
      y=height-h;
      ySpeed*=-1;
      ySpeed*=damping;
      ySpeed*=fraction;
    }
    else if(y<0){
      y=0;
      ySpeed*=-1;
    }
}
```

7.5 삼각함수^{Trigonometric Function}를 이용한 순환적 움직임

변수의 증감, 물리적 세계의 규칙을 적용한 움직임 뿐 아니라, 좀 더 수학적 개념을 적용하여 도형을 움직이는데 활용해보고자 한다.

학창시절 수학시간을 떠올려보자. 수학을 열심히 해보리라 단단히 마음을 먹고, 집합, 방정식을 시작으로 열심히 공부를 하다가, 점점 그래프가 등장을 하면서 특히 삼각법에 이르러서는 수학을 슬그머니 내려놓았던 기억이 있다.

> 현재의 수학 교과과정과는 달랐던 오래전 이야기이다.

그때 그 삼각법을 오늘 다시 만난다. 그러나 새롭게, 재미있게 접근해보자.

수학시간에 배운 내용을 상기해보자면, 삼각법이란 세 변과 세 각, 즉 6가지의 요소 사이의 관계를 다루는 것이다.

삼각비는 삼각형의 비율을 나타내는 것으로, 두 개의 예각을 가진 직각삼각형을 기준으로 한다. 삼각형의 두 변의 길이의 비를 나타내는 기본적인 삼각비 사인(sin), 코사인(cos), 탄젠트(tan)는 다음과 같다.

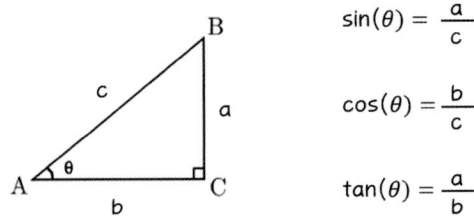

$$\sin(\theta) = \frac{a}{c}$$

$$\cos(\theta) = \frac{b}{c}$$

$$\tan(\theta) = \frac{a}{b}$$

이러한 삼각비는 삼각함수에 활용된다. 위의 직각삼각형을 좌표평면 위에 그대로 이동시켜보자. 삼각함수는 원 위의 한 점의 좌표로부터 정의되는 함수로서, 각의 크기를 삼각비로 나타내며, 기본적인 함수로는 sin(), cos(), tan()가 있다.

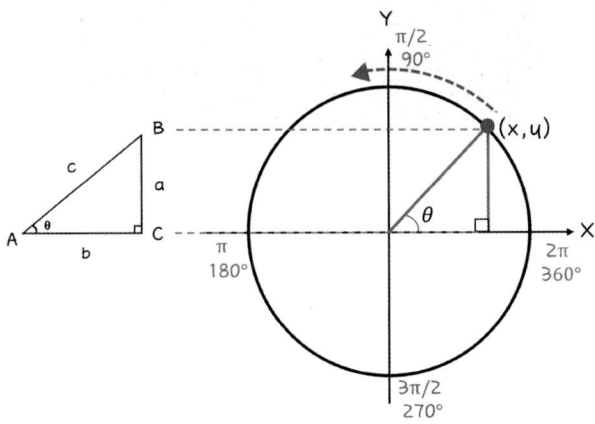

원 위의 한 점 x,y가 원을 따라 지속적으로 회전한다고 할 때, 회전각이 변화함에 따라 y값이 증가, 감소를 반복하게 된다. 이때 변화하는 각도에 대한 y값을 그래프로 나타내면 주기적인 형태를 띤 곡선이 만들어진다.

아래의 그림은 sin()함수의 곡선을 나타낸 것이다. 원 위의 한 점 x,y가 원

을 따라 회전하며 −1.0과 1.0사이의 범위 내에서 증가와 감소의 주기적인
패턴을 형성하고 있음을 알 수 있다.

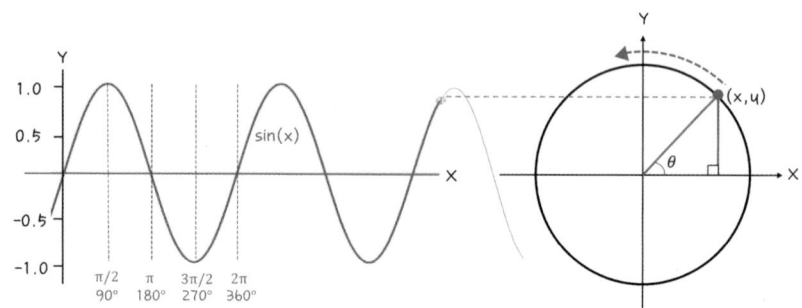

여기에서 우리가 활용하고자 하는 것은 삼각함수의 주기적인 형태, 즉 순
환적인 값이다. 이를 이용하면 물결, 원운동 등 다양한 움직임을 표현할 수
있다. 예제를 통해 이해한 내용을 확인해보자.

예제 7-10은 변수 a의 값이 지속적으로 증가함에 따라 sin(a)의 값이 증가
와 감소를 반복하게 되므로, 아래와 같은 형태가 그려진다.

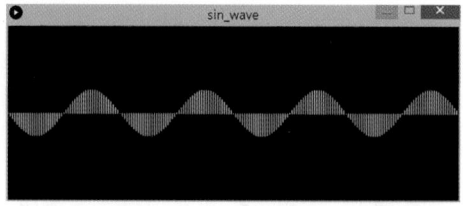

● **학습예제 7-10**   sin_wave

```
size(800, 300);
background(0);
stroke(255, 255, 0);
strokeWeight(2);

float a = 0.0;              // 각도(라디안)
float inc = TWO_PI/50.0;   // 360/50.0=7.2도

for (int i = 0; i <800; i=i+4) {
  line(i, 150, i, 150+sin(a)*50.0);  // 선의 끝점의 y좌표에 sin함수 적용
  a = a + inc;                        // 각도(라디안) 증가
}
```

✎ sin값의 범위가 −1.0
~1.0 사이의 값을 가지
므로, 적절한 수를 곱해줌
으로서 값을 크게 해 준다.

이번엔 sin()함수와 의한 곡선의 패턴을 비교해보자. 아래의 그림과 같이
sin()과 cos()함수는 −1에서 1사이의 값을 생성한다.

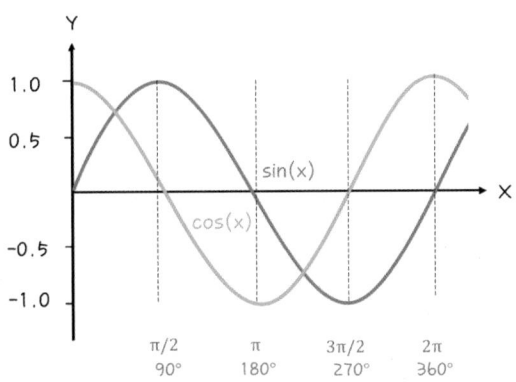

아래의 예제는 sin()과 cos()함수를 원의 중점의 y좌표에 적용한 코드이다.
sin()과 cos()함수에 의한 각각의 곡선을 따라 원이 그려지는 것을 확인할
수 있다.

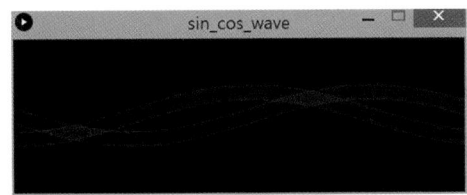

● 응용예제 7-11   sin_cos_wave

```
float a = 0.0;
float x1 = 0.0;
float y1 = 0.0;
float x2 = 0.0;
float y2 = 0.0;

void setup() {
  size(600, 200);
  background(0);
  noFill();
  stroke(255, 0, 0, 80);
}
```

```
void draw() {
  translate(0, height/2);
  x1 += 2.0;
  y1 = 30*sin(a);
  ellipse(x1, y1, 20, 20);

  x2 += 2.0;
  y2 = 30*cos(a);
  ellipse(x2, y2, 20, 20);

  a += 0.02;
}
```

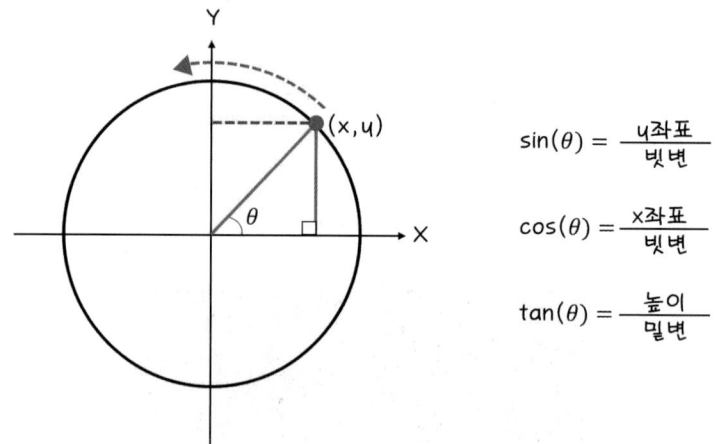

$$sin(\theta) = \frac{y좌표}{빗변}$$

$$cos(\theta) = \frac{x좌표}{빗변}$$

$$tan(\theta) = \frac{높이}{밑변}$$

이번에는 sin()과 cos()함수를 함께 사용해보자. 아래의 예제는 sin()과 cos()함수를 각각 y와 x좌표에 곱해줌으로써 원 운동을 만들었다.

위의 그림을 보면 sin(θ)와 cos(θ)가 좌표평면 위에서 의미하는 것은 sin은 y 좌표, cos은 x좌표값을 나타낸다. 따라서 y좌표에는 sin(), x좌표에는 cos() 함수를 곱해줌으로 원의 형태를 만들 수 있다.

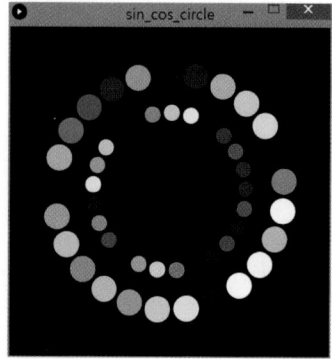

● **응용예제 7-12** sin_cos_circle

```
float offset=radians(90);  // 90도는 약 1.57라디안
float offset2=radians(90);

float dir=0.03;
float dir2=-0.03;

void setup() {
  size(500, 500);
  smooth();
  noStroke();
}

void draw() {

  float cx = width/2.0;
  float cy = height/2.0;

 background(0);

  for (int i = 0; i < 25; i++)     // 큰 원 25개
  {
    fill(random(255));
    float angle = (i * TWO_PI / 25)+offset;
    float x = cx + 180.0 * cos(angle);
    float y = cy + 180.0 * sin(angle);
    ellipse(x, y, 40, 40);
  }
   offset=offset+dir;

 for (int i = 0; i < 25; i++)     // 작은 원 25개
  {
    fill(random(255));
    float angle = (i * TWO_PI / 25)+offset2;
    float x2 = cx + 120.0 * cos(angle);
    float y2 = cy + 120.0 * sin(angle);
    ellipse(x2, y2, 25, 25);

  }
  offset2=offset2+dir2;
}
```

1. setup()과 draw()함수에 대해 간략하게 설명해 보자.

2. frameRate()의 의미에 대해 설명해 보자.

3. velocity와 speed의 차이점에 대해 적어보자.

4. 이중 for구문을 이용하여 일정한 간격으로 랜덤한 사이즈의 원을 그려보자.
   또한 frameRate()함수를 통해 초당 프레임 수를 낮추어, 느린 속도로 디스
   플레이 되도록 해 보자.

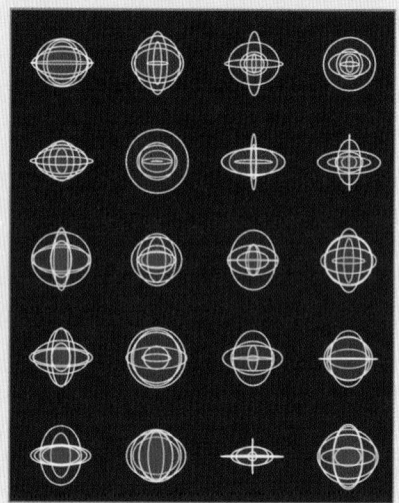

5. 아래의 그림과 같이 서로 다른 방향에서 출발하여 움직이는 도형을 그려보자.

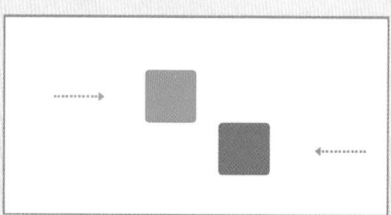

CHAPTER

8

다양한 변환

Abstract

지금까지 도형의 크기를 조절하거나, 이동시키기 위해서는 도형 자체의 크기나 좌표값의 증가 또는 감소를 통해 변화를 주었다. 그러나 이번에는 좌표 위에 그려지는 도형이 아닌, 좌표평면을 중심으로 한 변화에 대해 살펴보고자 한다.

크기조절, 이동과 같은 다양한 변환을 위해 좌표축 자체를 이동시키거나 좌표 평면을 확대 또는 축소시킴으로써 동일한 결과를 만들어 내거나, 그 이상의 효과를 구현할 수 있다.

그동안 고정되어있는 줄로만 알았던 좌표평면에 변화를 준다는 것이 무엇인지 그 개념을 잘 이해한다면 매우 유용하게 활용할 수 있으며, 여러 변환들을 조합하면 다양하고 흥미로운 표현이 가능하다.

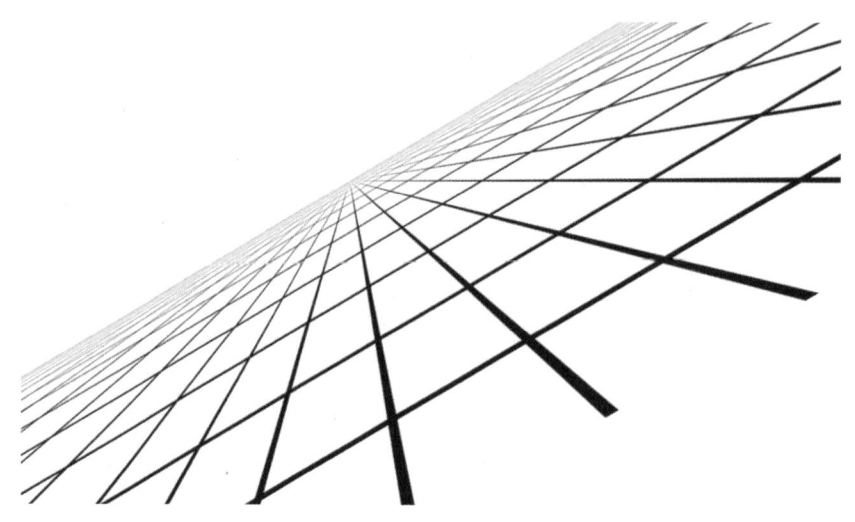

8.1 좌표축의 이동

translate(30, 30); // 좌표축의 원점을 30, 30으로 이동

먼저 좌표축의 이동에 대해 살펴보자. 좌표축의 이동은 translate()함수를 이용한다. 괄호 안의 두 매개변수는 새로운 원점이 될 좌표를 의미한다. 좌표축을 이동하면 새로운 원점을 기준으로 도형이 그려진다.

예제를 통해 확인해보자. 먼저 흰색 사각형을 그리고, 좌표축을 100,100으로 이동시킨 후, 동일한 좌표값으로 검은색 사각형을 그린다. 그러면 (100,100)을 새로운 원점으로 한 검은색 사각형이 그려진다.

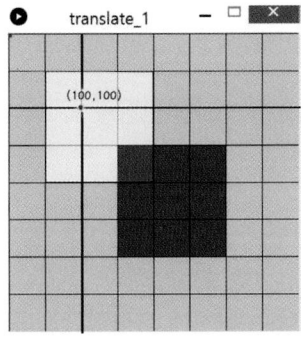

● 학습예제 8-1   translate_rect_1

```
size(400, 400);
fill(255, 150);
rect(50, 50, 150, 150);      // 흰색 사각형

translate(100, 100);         // 원점을 100, 100으로 이동
fill(0, 150);                // 검은색 사각형
rect(50, 50, 150, 150);
```

한 번 더 살펴보자. 흰색 사각형을 그리고, 좌표축을 150,200으로 이동시킨 후, 동일한 좌표값으로 검은색 사각형을 그린다. 그러면 (100,100)을 새로운 원점으로 한 검은색 사각형이 그려진다.

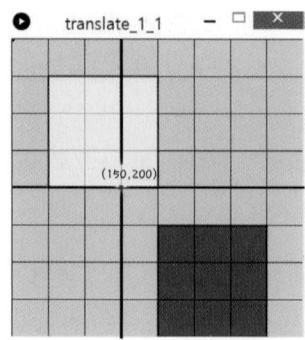

● 학습예제 8-2   translate_rect_1

```
size(400, 400);
fill(255, 150);
rect(50, 50, 150, 150);    // 흰색 사각형

translate(150, 200);       // 원점을 150, 200으로 이동
fill(0, 150);
rect(50, 50, 150, 150);    // 검은색 사각형
```

이번에는 translate()함수를 이용해 여러 번에 걸쳐 원점을 이동해보자. 아
래의 코드와 같이 원의 위치는 모두 동일하지만, 매번 새로운 원점을 기준
으로 하기 때문에, 서로 다른 위치에 그려진다는 것을 알 수 있다.

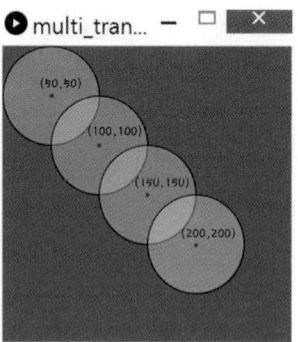

● **학습예제 8-3**   multi_translate

```
size(300, 300);
background(100);

fill(255, 230, 0, 100);
ellipse(50, 50, 100, 100);

translate(50, 50);          //첫 번째 원점이동
fill(255, 230, 30, 100);
ellipse(50, 50, 100, 100);

translate(50, 50);          //두 번째 원점이동
fill(255, 230, 100, 100);
ellipse(50, 50, 100, 100);

translate(50, 50);          //세 번째 원점이동
fill(255, 230, 200, 100);
ellipse(50, 50, 100, 100);
```

8.2 좌표축의 회전

rotate(PI/8);   *// 좌표를 PI/8만큼 회전*

이번에는 좌표축을 회전한다. 좌표축의 회전은 rotate()함수를 이용한다. 괄호 안의 매개변수는 회전 각도를 의미하며, 회전 각도는 0에서 TWO_PI 사이의 라디안(radian)단위로 표기한다. 이때 회전 각도가 양수이면 좌표축이 시계 방향으로 회전되고, 음수이면 시계 반대 방향으로 회전된다. 좌표축을 회전시키면 회전된 좌표축이 모든 도형에 적용된다. 중요한 것은 회전의 중심은 왼쪽 모서리 즉 본래의 원점(0,0)이라는 것이다.

각도(degree)	라디안(radian)
360	TWO_PI
180	PI
90	PI/2
45	PI/4
30	PI/6
15	PI/12

(라디안에 대한 자세한 설명은 1장_호 그리기 부분을 참고하자.)

예제를 통해 살펴보자. 아래의 코드와 같이 두 사각형의 위치는 동일하지만, 좌표축을 −PI/2만큼 즉 −15도 만큼 회전하면, 그림처럼 원점(0,0)을 기준으로 시계 반대방향으로 회전한 사각형이 그려진다.

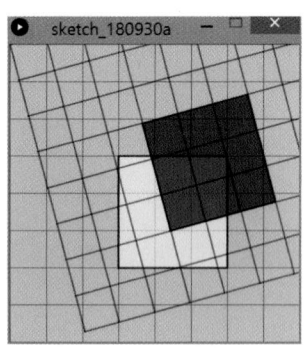

● **학습예제 8-4**   rotate_angle

```
size(400, 400);
fill(255, 150);
rect(150, 150, 150, 150);  // 흰색 사각형

rotate(-PI/12);            // 회전각도(-15도)
fill(0, 150);
rect(150, 150, 150, 150);  // 검은색 사각형
```

한 번 더 확인해보자. 두 사각형의 위치는 동일하지만, 좌표축을 PI/2만큼, 즉 15도 만큼 회전하면, 그림처럼 원점(0,0)을 기준으로 시계 방향으로 회전한 사각형이 그려진다.

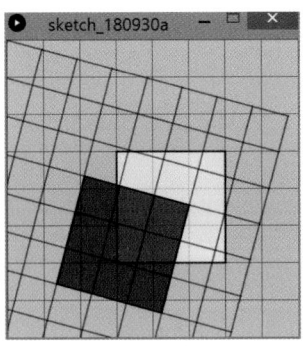

● 학습예제 8-5   rotate_angle_2

```
size(400, 400);
fill(255, 150);
rect(150, 150, 150, 150);


rotate(PI/12);      // 회전각도(15도)
fill(0, 150);
rect(150, 150, 150, 150);
```

radians(degrees);

만약 라디안으로 계산하여 표현하는 것이 어렵다면, radians()함수를 이용하면 된다. radians()함수에 각도를 넣으면 라디안으로 변환된다. 앞의 예제와 radians()함수를 사용한 예제 8-6의 코드를 비교해 보자. 실행 결과가 동일함을 알 수 있다.

🔵 **학습예제 8-6**   radian_degree

```
size(400, 400);
fill(255, 150);
rect(150, 150, 150, 150);

float deg=15;
float rad=radians(15);      // 15도 만큼 회전
rotate(rad);
fill(0, 150);
rect(150, 150, 150, 150);
```

예제 8-7은 회전의 중심을 (0,0)에서 화면의 중앙인 (150,150)으로 이동 후, 모서리가 둥근 사각형을 일정한 각도로 회전하여 구현한 코드이다.

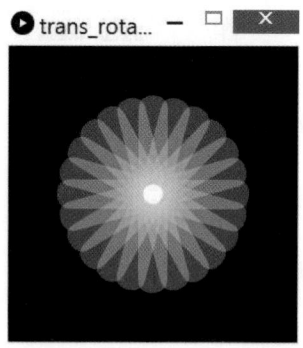

🔵 **학습예제 8-7**   flower_rotate

```
size(300, 300);
background(33, 13, 13);
noStroke();
translate(150, 150);             // 회전의 중심을 화면의 중앙으로 이동

for(int i=0; i<12; i++){         // 12개의 사각형
  rotate(PI/12);                 // 15도씩 회전
  fill(250, 199, 250, 100);
  rectMode(CENTER);              // 사각형 그리기모드-CENTER
  rect(0, 0, 200, 30, 20);       // 실제 사각형의 중점은 (150, 150);
}
fill(255);
ellipse(0, 0, 20, 20);
```

8.3 좌표크기의 변환

scale(2.0);   // 좌표평면의 크기를 2배 확대

scale()함수는 좌표평면의 크기를 확대하거나 축소한다. 괄호 안의 매개변수는 확대 또는 축소 비율을 나타낸다. 좌표의 크기를 확대하거나 축소하면, 모든 도형은 변환된 좌표 크기에 적용된다.

예제를 통해 확인해보자. 다음 예제는 좌표평면의 크기를 1.5배 확대한 경우이다. 본래 두 사각형의 위치와 크기는 동일하지만, 좌표평면을 확대하였더니 사각형의 크기도 1.5배 커졌음을 알 수 있다.

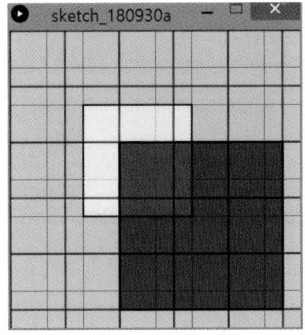

⬤ 학습예제 8-8   scale_up

```
size(400, 400);
fill(255, 150);
rect(100, 100, 150, 150);

scale(1.5);        // 좌표평면을 1.5배 확대
fill(0, 150);
rect(100, 100, 150, 150);
```

이번엔 좌표평면을 축소해보자. 앞의 예제와 마찬가지로 본래 두 사각형의 위치와 크기가 동일하나, 좌표평면을 0.5배 축소하면 검은색 사각형의 크기가 0.5배 작아짐을 알 수 있다.

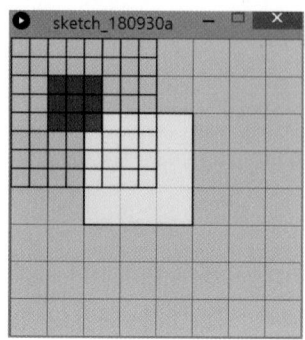

● **학습예제 8-9**   scale_down

```
size(400, 400);
fill(255, 150);
rect(100, 100, 150, 150);


scale(0.5);           // 좌표를 0.5배 축소
fill(0, 150);
rect(100, 100, 150, 150);
```

앞에서 배웠던 내용을 응용하여 크기가 점점 증가하는 사각형을 그려보자.
매 프레임마다 좌표평면의 크기가 증가함에 따라 사각형의 크기가 점점 커
진다. 또한 결과이미지에서 확인할 수 있듯이, 좌표평면이 확대되면 확대
될수록 마치 돋보기 효과처럼 외곽선도 두꺼워진다.

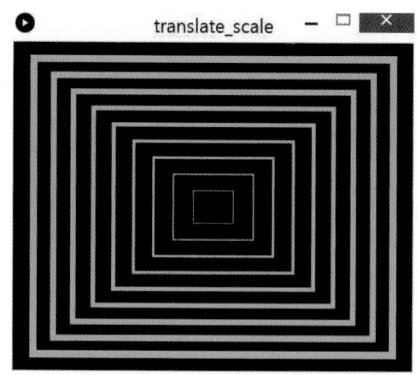

● 응용예제 8-10 trans_scale

```
float s=1;

void setup(){
  size(500, 400);
  background(0);
  frameRate(5);
  stroke(151, 245, 141);
  noFill();
}

void draw(){
  rectMode(CENTER);
  translate(width/2, height/2);

  if(s<10){
    scale(s);
    rect(0, 0, 50, 40);
    s++;
  }
}
```

8.4 pushMatrix(), popMatrix()

앞서 설명했던 것처럼 translate()함수에 의해 좌표축의 원점을 이동하면, 다시 좌표축을 변경하기 전까지는 모든 요소에 영향을 미치게 된다. 만약 좌표축의 원점, 스케일, 회전 변환이 그림의 모든 요소가 아닌 일부 요소에 만 국한하여 적용되도록 할 때에는 pushMatrix()함수와 popMatrix()함수를 사용한다.

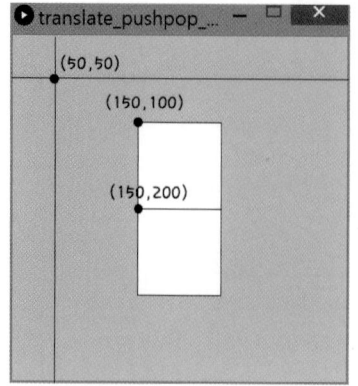 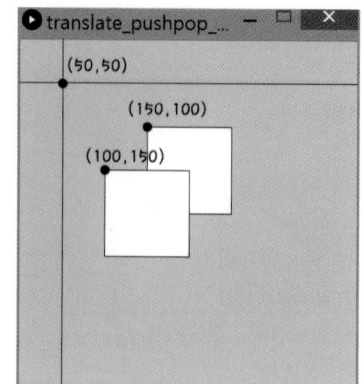

⬤ 학습예제 8-11   push_pop_rect

〈왼쪽 그림에 대한 코드〉	〈오른쪽 그림에 대한 코드〉
``size(400, 400);
translate(50, 50);
rect(100, 50, 100, 100);
rect(100, 150, 100, 100);```	```size(400, 400);
pushMatrix();
translate(50, 50);
rect(100, 50, 100, 100);
popMatrix();
rect(100, 150, 100, 100);```

왼쪽 그림은 원점을 (50,50)으로 이동함에 따라, 두 사각형이 새로운 원점을 기준으로 그려졌다. 그러나 오른쪽 그림에서는 translate()함수와 rect()함수를 pushMatrix()와 popMatrix()함수 사이에 포함시키고, 두 번째 rect()함수는 외부에 존재하도록 하였다. 그 결과 첫 번째 사각형만 새로운 원점을 기준으로 그려지고, 두 번째 사각형은 본래의 원점을 기준으로 그려졌다.

pushMatrix()함수와 popMatrix()함수는 현재 좌표축의 정보를 스택(stack)에 삽입(push)하고, 삭제(pop)하는데 사용되는 함수이다. 이 둘은 항상 쌍을 이루며, pushMatrix()와 popMatrix()사이에 일어난 좌표축의 변화는 외부에 영향을 미치지 않게 된다.

(*스택(stack)이란 본래 무더기, 더미라는 뜻을 가진다. 또한 컴퓨터에서 사용되는 데이터 구조 중 하나로, 일시적으로 저장하고자 하는 데이터를 최상위에 삽입하고, 다시 최상위에서부터 삭제하는 구조를 갖는다. 보다 자세한 설명은 이 장의 뒷부분을 참고한다.)

pushMatrix()와 popMatrix()함수를 적용해보자. 다음 예제는 중첩된 for구문 블록 내부에 pushMatrix()와 popMatrix()가 포함되어 있다.

● 응용예제 8-12 push_pop_ellipse

```
size(500, 400);
background(37, 81, 118);
stroke(255);

translate(250, 200);
for (float i=0; i<TWO_PI; i+=0.1) {
  pushMatrix();
  rotate(i);
  noFill();
  ellipse(70, 70, 20, 20);

  for (float j=0; j<TWO_PI; j+=0.5) {
    pushMatrix();
    translate(130, 100);
    rotate(j);
    ellipse(70, 70, 40, 40);
    popMatrix();
  }
  popMatrix();
}
```

rotate는 본래의 원점(0,0)을 중심으로 이루어진다. 따라서 많은 경우에 먼저 translate()함수를 이용하여 원점을 옮겨 회전의 중심을 이동시킨 후, 회전 변환(rotate)을 적용한다. 그 차이를 비교하려면 아래의 코드에서 translate()함수를 주석처리 한 후 실행해보자.

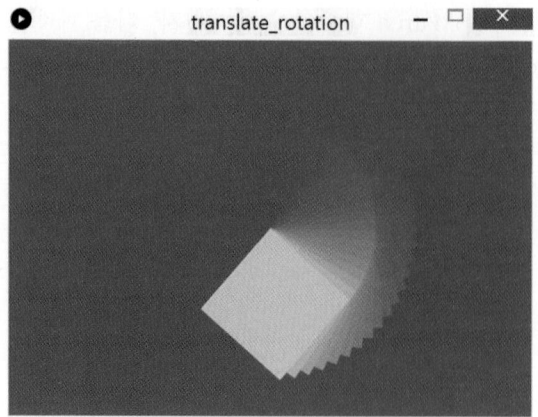

● 응용예제 8-13   rotation_rect

```
float angle = 0;

void setup() {
  size(600, 420);
  background(125);
  noStroke();
}

void draw() {
  fill(100, 40);
  rect(0, 0, width, height);

  translate(width/2, height/2);
  rotate(angle);

  fill(240, 198, 245);
  rect(0, 0, 120, 120);

  angle+=0.1;
}
```

○ 스택(Stack)

스택이란 자료구조에서 데이터를 일시적으로 쌓아 두었다가 필요할 때에 꺼내서 사용할 수 있는 임시 기억장치이다. 스택은 1차원 선형 구조이며, 자료에 대한 접근이 한쪽 끝에서만 일어나는 것이 특징이다.

자료를 넣는 것을 'push', 반대로 꺼내는 것을 'pop'이라 한다. 이 push와 pop이 일어나는 끝부분을 top, 다른 한쪽 끝을 bottom이라 한다.

아래의 그림처럼 자료의 저장이 1 → 2 → 3 → 4...의 순서로 이루어졌다면, 꺼내는 것은 4 → 3 → 2 → 1 순서로 나오게 된다.

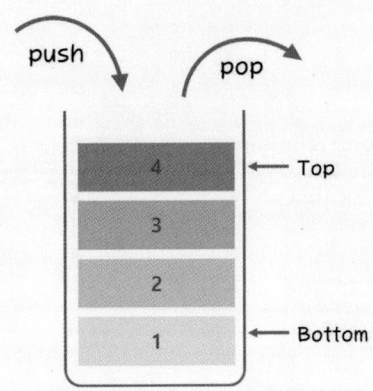

아래와 같이 pushMatrix()함수를 이용하여 새로운 원점에 대한 정보를 저장 후, popMatrix()함수를 이용하여 저장한 정보를 삭제하는 것이다. 따라서 이후의 도형에는 새로운 원점이 적용되지 않게 된다.

```
pushMatrix();
translate(50, 50);
rect(100, 50, 100, 100);
popMatrix();
rect(100, 150, 100, 100);
```

1. 다음 각 함수의 의미를 적어보자.

   ① translate(50,50);

   ② scale(1.3);

   ③ rotate(PI/6);

   ④ translate(10,10)

      rect(0,0,50,50);

      translate(20,20);

      rect(0,0,50,50);

2. 좌표축을 회전하기 위해서 라디안을 각도(degree)로 나타낼 때 사용할 수 있는 함수는 무엇인지 적어보자.

3. 변환된 좌표를 일부분에만 적용하기 위한 함수를 적어보자.

연습문제

4. scale()함수를 이용하여 다음과 같은 이미지를 구현해보자.

5. 다음 그림과 같이 translate()함수를 이용하여 일정한 간격으로 원점을 이동 시켜 사각형을 그려보자.

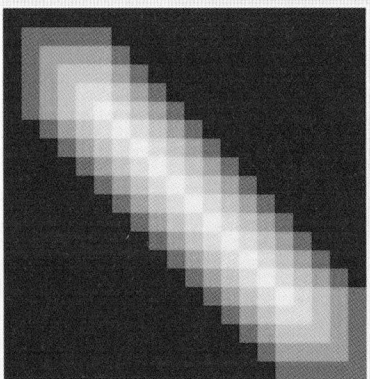

내가 만든 함수로 그리기

Abstract

함수에 대해서는 맨 처음 1장에서 기본 도형을 그리며 설명한 바 있다. 지금까지 우리가 사용했던 ellipse(), rect(), fill() 그리고 setup(), draw()함수처럼 프로세싱 프로그램이 제공하는 함수를 내장 함수(intrinsic function)라 한다. 그러나 이러한 함수 외에도, 필요에 따라 직접 함수를 만들어 사용할 수 있다. 이를 사용자 정의 함수(user-defined function)라고 한다.

함수는 프로그램을 구성하는 기본적인 요소로서, 특정한 기능을 수행하는 독립적인 단위이다. 이러한 단위들은 서로 결합하여 프로그램을 구성한다.

함수를 흔히 블록에 비유한다. 블록의 모양이 각각 다르듯이, 함수마다 특정한 기능과 용도가 있으며, 이러한 블록을 결합하면 집도 만들 수 있고, 자동차도 만들 수 있다. 이와 같은 함수의 특성을 '모듈성(Modulraity)'이라 한다.

함수를 만들어 사용하면 하나의 프로그램을 여러 부분으로 분리함으로써, 프로그래밍의 효율성을 높일 수 있으며, 같은 코드를 반복해서 계속 쓰지 않아도 된다.

이제 나만의 함수를 만들어 효율적인 프로그램을 작성해보자.

9.1 함수 만들기

```
반환형식   함수이름(매개변수){

}

int sum(int a, int b){

}
```

1 void 함수

함수는 기본적으로 특정한 값을 반환하는 함수와 그렇지 않은 함수로 나눌 수 있다. 먼저 아무것도 반환하지 않는 void 함수를 살펴보자.

예제 9-1의 blueRect()함수는 사용자 정의 함수로서, 파란색 사각형을 그리는 함수이다. draw()함수에서 blueRect()함수를 호출하면 사각형이 그려진다.

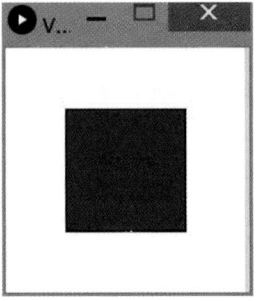

⬤ 학습예제 9-1   void_function

```
void setup() {
 size(200, 200);
}

void draw() {
  background(255);
  blueRect();      // 함수 호출
}
```

```
void blueRect() {
  fill(0, 0, 255);
  rect(50, 50, 100, 100);
}
```

2 매개변수를 갖는 함수

예제 9-2의 drawCircle()함수는 사용자 정의 함수로서, 서로 다른 크기의 원 3개를 그리는 함수이다. drawCircle()함수는 원의 중심 좌표와 크기를 매개변수로 갖는다. 따라서 draw()함수에서 drawCircle()을 호출시 3개의 매개변수 값을 지정한다.

drawCircle()함수를 사용하면 같은 코드를 반복 작성하지 않고도 중첩된 원을 쉽게 그릴 수 있다.

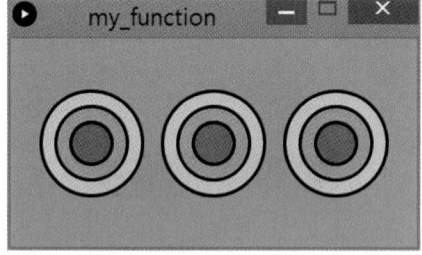

학습예제 9-2   my_function

```
void setup() {
  size(400, 200);
  background(155, 198, 76);
}

void draw() {
  drawCircle(80, 100, 100);          // drawCircle 함수 호출1
  drawCircle(200, 100, 100);         // drawCircle 함수 호출2
  drawCircle(320, 100, 100);         // drawCircle 함수 호출3
}

void drawCircle(float xPos, float yPos, float diam) {
  strokeWeight(3);
```

```
  fill(247, 208, 192);
  ellipse(xPos, yPos, diam, diam);          // 큰 원
  fill(247, 163, 130);
  ellipse(xPos, yPos, diam*0.7, diam*0.7);  // 중간 원
  fill(247, 104, 49);
  ellipse(xPos,  yPos, diam*0.4, diam*0.4); // 작은 원
}
```

3 리턴 함수(Return Function)

예제 9-1과 9-2에서는 아무것도 반환하지 않는 void형 함수를 살펴보았다. 리턴 함수란 특정한 값을 반환하는 함수로서, 함수에 의해 계산된 값을 돌려주는 것을 말한다. 아래의 예제를 통해 개념을 이해해보자.

예제 9-3의 float average()함수는 사용자 정의 함수로서, 3개의 실수형 값을 매개변수로 갖는다. 이 3개의 수를 합하여 평균을 계산한 다음, 그 값을 draw()함수에 반환하면, draw()함수에서는 변수 c에 이 반환값을 저장하여 원의 색상을 지정하는데 사용한다.

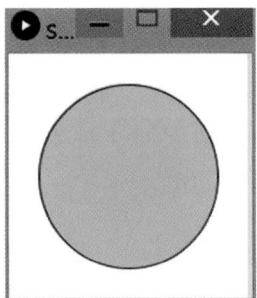

학습예제 9-3   return_function

```
void setup(){
  size(200, 200);
  background(255);

  float c ;
  c= avg(230, 150, 185) ;   // avg()함수에 의해 계산된 평균값을 변수 c에 저장
  fill(c, 220, 50) ;
  ellipse(100, 100, 150, 150);
```

```
  println(c);              // c 값을 콘솔창에 출력
}

float avg(float v1, float v2, float v3){
  float sum,  average  ;

  sum = v1+v2+v3;
  average = sum / 3.0 ;

  return(average) ;        // 평균값 리턴
}
```

이처럼 값을 반환하는 함수를 만들 때는 함수 이름 앞에 반환할 데이터 유형을 명시한다. 데이터 형에는 int, float, char 등이 올 수 있으며, 아무것도 반환하지 않는 함수일 때에는 예제 9-1, 9-2와 같이 void를 써준다.

9.2 사용자 정의 함수의 활용

아래의 예세는 함수를 만들어 집의 형태를 그리는 코드이다. 집을 그리기 위한 함수 drawHouse()는 집의 몸체인 사각형의 왼쪽 상단 지점의 x, y좌표를 매개변수로 갖는다. draw()함수에서 drawHouse()함수가 3번 호출되었으므로, 3개의 집이 그려졌다.

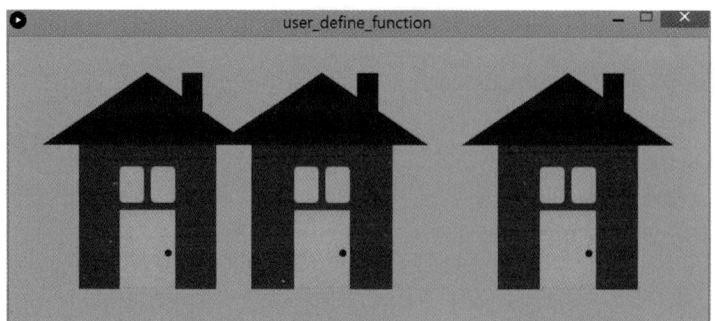

● **학습예제 9-4**   user_define_function

```
void setup() {
  size(1000, 400);
  background(155, 198, 76);
  noStroke();
}

void draw() {
  drawhouse(100, 150);
  drawhouse(350, 150);
  drawhouse(700, 150);
}

void drawhouse(float xPos, float yPos ) {
  fill(222, 27, 33);
  rect(xPos, yPos, 200, 200);

  fill(255, 167, 3);
  rect(xPos+60, yPos+30, 35, 50, 7);
  rect(xPos+105, yPos+30, 35, 50, 7);
  rect(xPos+60, yPos+90, 80, 110);

  fill(147, 22, 26);
  ellipse(xPos+130, yPos+150, 10, 10);
  rect(xPos+150, yPos-100, 30, 70);
  triangle(xPos+100, yPos-100, xPos-50,  yPos, xPos+250, yPos);
}
```

이처럼 함수를 만들어 놓고, 이를 draw()함수에서 간단하게 호출함으로써, 보다 간결하고 효율적인 프로그램을 작성할 수 있다.

앞의 예제 9-2를 응용해서 drawCircle()함수를 for구문과 결합해보자.

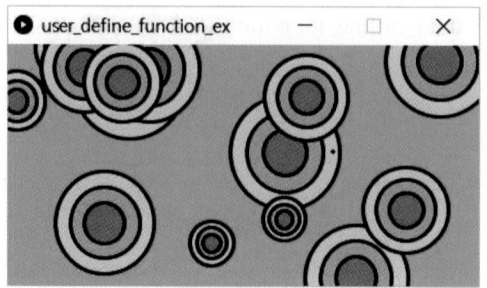

🔵 **응용예제 9-5**   user_define_function_ex

```
void setup() {
  size(400, 200);
  frameRate(10);
}

void draw() {
  background(155, 198, 76);
  for(int i=0; i<20; i++){
    drawCircle(random(width), random(height), random(100));
  }
}

void drawCircle(float xPos, float yPos, float diam) {
  strokeWeight(3);

  fill(247, 208, 192);
  ellipse(xPos, yPos, diam, diam);
  fill(247, 163, 130);
  ellipse(xPos, yPos, diam*0.7, diam*0.7);
  fill(247, 104, 49);
  ellipse(xPos, yPos, diam*0.4, diam*0.4);
}
```

연 습 문 제

1. 프로그램이 제공하는 함수를 _____라고 한다.

2. 사용자가 필요에 의해 만든 함수를 _____라고 한다.

3. 함수가 값을 반환하지 않을 때, 함수명 앞에 붙이는 데이터 유형은 _____
   이다.

4. 나만의 함수를 정의하여 간단한 그림을 그려보자.

타이포그래피 및 모션

타이포그래피는 문자를 중심으로 디자인하는 것을 말한다. 과거에 비해 타이포그래피의 중요성은 날로 증가하고 있으며, 더 이상 이미지를 돕는 역할에 머무르지 않고 그 자체만으로도 훌륭한 디자인이 된다.

프로세싱에서도 타이포그래피를 구현할 수 있다. 폰트의 종류, 크기, 색상, 간격 조정 및 정렬 등 다양한 속성들을 적용할 수 있으며, 뿐만 아니라 텍스트에 여러 효과와 움직임을 적용하여 흥미로운 애니메이션을 구현할 수 있다.

이제 타이포그래피의 세계에 빠져보자.

10.1 텍스트 디스플레이

textSize(size);
text("word", x, y);

먼저 프로세싱의 기본 폰트를 이용하여 화면에 텍스트를 디스플레이 해보자. textSize(), fill()함수를 이용하여 글자의 크기와 색을 지정하고, text()함수를 이용하여 화면에 나타낼 글자와 위치를 지정한다. 이때 화면에 나타낼 글자는 큰 따옴표(" ")안에 써준다. 단, 숫자를 나타내고자 할 때에는 따옴표를 해 주지 않아도 된다.

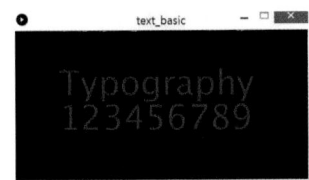

⬤ **학습예제 10-1** text_basic

```
size(600, 300);
background(0);

textSize(70);                    // 크기
fill(255, 0, 0);                 // 색상
text("Typography", 90, 130);     // 글자입력
text(123456789, 90, 200);        // 숫자입력
```

*프로세싱에서 텍스트의 위치는 좌측 하단을 기준으로 한다.

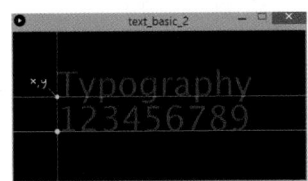

10.2 폰트 추가하기

만약 프로세싱에서 설정되어 있는 기본 폰트 외에 새로운 폰트를 적용하고자 한다면, 폰트를 생성하여 불러올 수 있다. 폰트를 추가하기 위한 과정은 다음과 같다.

- 먼저 현재 스케치를 저장하고, 도구(tool)〉 글꼴 생성하기(Create Font)를 선택한다. 창이 열리면 폰트 리스트에서 원하는 폰트를 선택하고, size를 지정한 다음 smooth(안티 알리아스)를 체크한다.
- OK 버튼을 클릭한 후, 다시 스케치가 저장되어있는 위치로 이동한다. 그러면 폴더 내부에 data 폴더가 자동으로 생성되고, 그 안에 방금 선택한 폰트가 저장되어 있는 것을 확인할 수 있다.

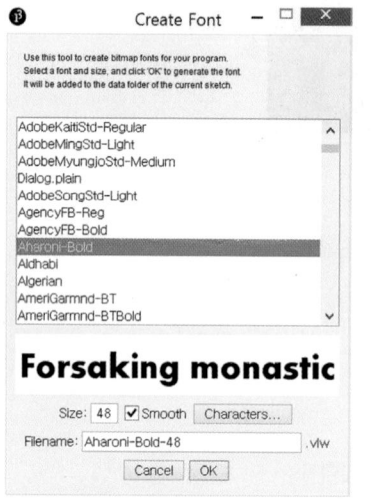
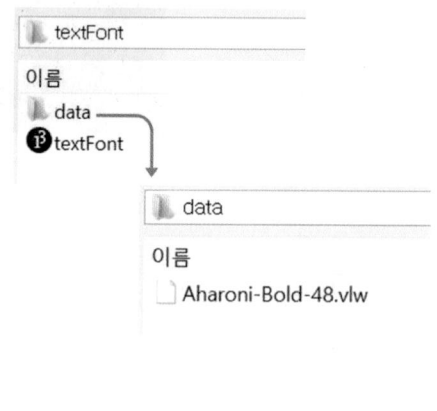

이때 저장된 폰트의 확장자는 .vlw이다. 프로세싱은 고유의 폰트 확장자 .vlw(visual language workshop)을 제공한다. 포토샵 프로그램에서 입력한 텍스트에 다양한 효과를 적용하기 위하여 레스터라이즈(resterize)를 통해 텍스트를 비트맵으로 변환시켜 주는 것과 같이, .vlw은 텍스트를 이미지 형태로 변환한다.

이제 폰트를 생성했으면 코드를 작성해보자.

폰트를 사용하기 위한 PFont 유형의 변수 myfont를 선언하고, loadFont() 함수를 이용해서 폰트를 로드한다. 그런 다음 textFont()함수를 이용하여 사용할 폰트와 크기를 지정한다.

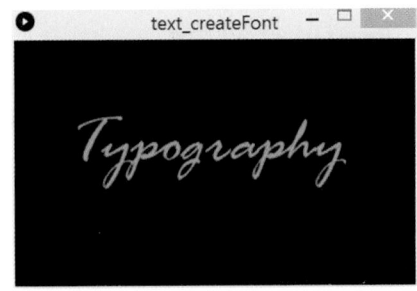

● 학습예제 10-2 text_createFont

```
PFont myfont;                            // PFont형 변수 myfont 선언
size(500, 300);
background(0);


myfont = loadFont("RageItalic-48.vlw");  // 생성한 폰트 로드
textFont(myfont, 80);                    // 폰트와 크기 지정
fill(15, 201, 255);
text("Typography", 70, 150);
```

이번엔 한 화면에 여러 가지 폰트를 적용해보자. 앞과 마찬가지로 글꼴 생성 창에서 원하는 폰트들을 선택하여 .vlw 파일 형태로 data 폴더에 저장하고, PFont 유형의 변수를 폰트의 개수만큼 만들어준다.

● 학습예제 10-3 text_createFont_multi

```
PFont myfont1, myfont2;

size(500, 300);
background(0);
```

```
myfont1 = loadFont("RageItalic-48.vlw");
myfont2 = loadFont("SegoeScript-Bold-48.vlw");

textFont(myfont1, 80);
fill(15, 201, 255);
text("Typography", 70, 130);

textFont(myfont2, 60);
fill(203, 235, 245);
text("Typography", 70, 180);
```

프로세싱에서는 한글 폰트도 적용할 수 있다. 글꼴 설정 창에서 한글 폰트를 선택하고, .vlw 파일 형태로 data 폴더에 저장한 후, 한글 폰트 명을 써준다.

◯ 학습예제 10-4　text_hangeul

```
PFont myFont;

size(500, 300);
background(0);

myFont = createFont("휴먼고딕-48", 50);
textFont(myFont);
text("휴먼고딕", 150, 150);
```

실제 폰트명을 써주면 다음과 같이 입력될 수 있다. 하지만 결과는 한글이 적용되어 디스플레이 된다.

```
File Edit Sketch Debug Tools Help
```
```
text_Hangeul ▼

PFont myFont;

size(500,300);
background(0);

myFont = createFont("□□□□-48",50);
textFont(myFont);
text("□□□□", 150, 150);
```

10.3 긴 문장 쓰기

String name = "   " ;

디스플레이 할 내용이 단어가 아닌 긴 문장일 경우, 문자열을 저장하는 String 데이터 유형을 사용할 수도 있다.

아래와 같이 String 유형의 변수를 만들고, 큰 따옴표 안에 문장을 써주면 된다.

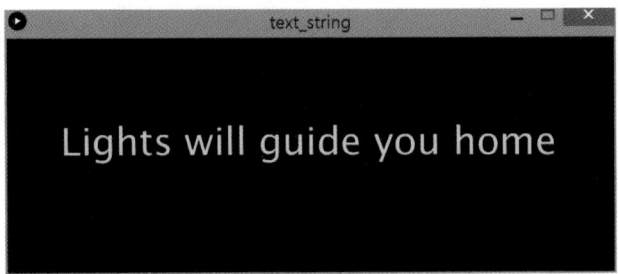

🔘 학습예제 10-5 text_string

```
size(800, 300);
background(0);

textSize(50);
fill(255, 255, 0);
String s = "Lights will guide you home";
text(s, 70, 150);
```

✣ 텍스트 박스 지정하기

text(s, x, y, w, h);

긴 문장 뿐 아니라 여러 문장으로 이루어진 문단을 디스플레이 하고자 할 때, 텍스트 영역을 지정할 수 있다. 이는 포토샵 프로그램에서 긴 텍스트를 정해진 영역 안에 입력할 때 텍스트 영역(text area)을 그리는 것과 같다.

text()함수의 매개변수는 텍스트 박스의 x, y축 및 폭과 높이를 나타낸다. 텍스트 박스의 위치는 사각형을 그릴 때처럼 왼쪽 상단을 기준으로 한다.

예제 10-6는 텍스트 박스의 시작점을 (100,80), 그리고 폭과 높이를 (300,120)으로 지정하여 그 안에 텍스트가 입력되도록 하는 코드이다. 텍스트는 박스 영역 안에서 자동으로 줄 바꿈 되며, 영역을 넘어가는 부분은 표현되지 않는다. (참고로 텍스트 박스의 위치와 크기를 확인하기 위하여, 사각형 박스를 표시하였다.)

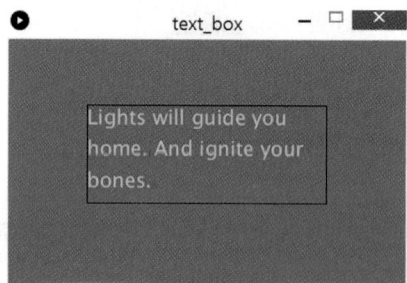

◯ **학습예제 10-6**   text_box

```
size(500, 300);
background(125);

textSize(25);
fill(255, 255, 0);

String s = "Lights will guide you home. And ignite your bones. ";

noFill();
rect(100, 80, 300, 120);

fill(255, 255, 0);
text(s, 100, 80, 300, 120);
```

10.4 텍스트 정렬 및 행간 설정

textAlign();

1 텍스트 정렬

textAlign()함수를 이용해서 텍스트 정렬방식을 설정할 수 있다. 다음 예제
를 통해 비교해 보자.

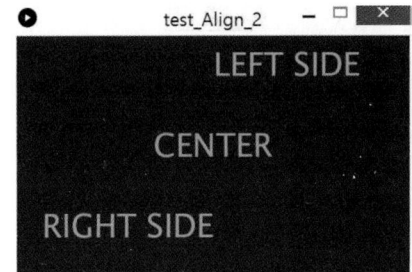

● 학습예제 10-7   text_Align

```
size(500, 300);
background(42, 65, 121);

textSize(40);
fill(150, 227, 50);

textAlign(LEFT);
text("LEFT SIDE", 250, 50);

textAlign(CENTER);
text("CENTER", 250, 150);

textAlign(RIGHT);
text("RIGHT SIDE", 250, 250);
```

2 행간 설정

textLeading(*size*);

여러 줄의 텍스트를 나타내고자 할 경우, 행간을 설정하기 위해서는 textLeading()함수를 사용할 수 있다. 줄 바꿈을 하기 위해서는 백슬래시 (backslash)에 n을 붙여 '\n'을 써준다.

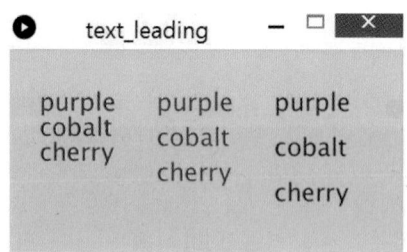

● 학습예제 10-8   text_Leading

```
size(400, 200);
background(255, 255, 0);
String lines = "purple\ncobalt\ncherry";

textSize(25);

fill(160, 14, 234);
textLeading(25);
text(lines, 30, 60);

fill(38, 83, 211);
textLeading(35);
text(lines, 150, 60);

fill(170, 31, 59);
textLeading(45);
text(lines, 270, 60);
```

10.5 다양한 텍스트 효과

이제 텍스트에 다양한 효과를 적용해보자. 텍스트의 위치, 색상, 각도에 변화를 주어 움직이는 텍스트를 구현할 수 있다. 예제 10-9은 각 텍스트가 상하, 좌우로 이동하는 코드이다.

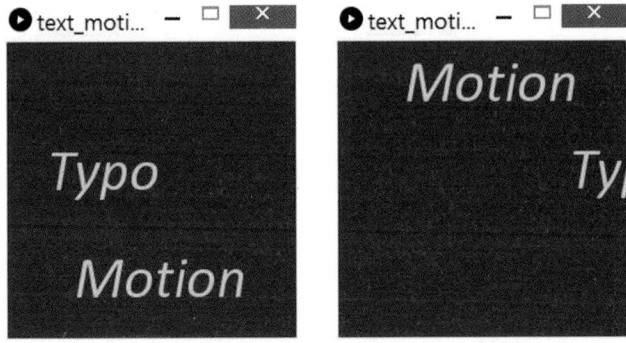

● **학습예제 10-9** text_motion1

```
PFont myFont;
float x=0;
float y=300;

void setup() {
  size(300, 300);
  myFont = loadFont("Calibri-Italic-48.vlw");
  textFont(myFont, 60);

  fill(255);
}

void draw() {
  background(232, 7, 7);
  fill(242, 208, 208);
  text("Typo", x, 150);
  text("Motion", 70, y);

  x+=1.0;
  y-=1.0;

  if (x>=300) {
```

```
    x=0;
   if (y<=0) {
     y+=300;
   }
  }
}
```

예제 10−10은 텍스트의 위치와 색상에 랜덤 함수를 적용하여 다양한 변화
를 적용한 예이다.

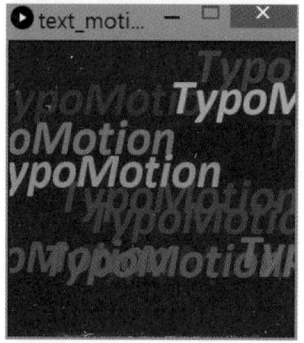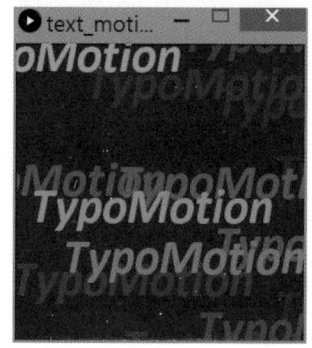

◯ **학습예제 10-10**   text_motion2

```
PFont myFont;

void setup(){
  size(300, 300);
  myFont = loadFont("Calibri-BoldItalic-48.vlw");
  textFont(myFont, 50);
}

void draw(){
  fill(25, 41, 144, 30);
  rect(0, 0, width, height); // 잔상이 남도록 알파값을 갖는 사각형 디스플레이
  fill(139, 203, random(255));
  text("TypoMotion", random(-100, 350),  random(-100, 350));
}
```

이번엔 회전값을 주어 텍스트가 회전을 하도록 해보자. 회전은 기본적으로 (0,0)을 중심으로 하기 때문에, translate()함수를 이용해 화면 중앙으로 원점을 변경한다.

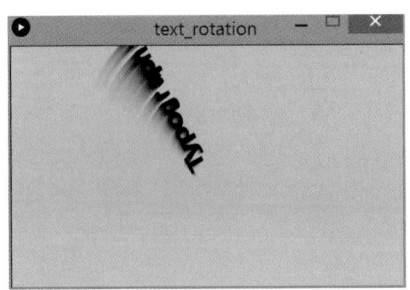 

학습예제 10-11 text_rotation

```
PFont myFont;
float angle=0.0;
float sz=1.0;

void setup(){
    size(500, 300);
    myFont=loadFont("BrowalliaNew-Bold-48.vlw");
    textFont(myFont, 10);

}
void draw(){

 fill(255, 218, 3, 20);
 rect(0, 0, width, height);

 fill(34, 51, 113);
 angle+=0.01;
 sz+=0.01;

 translate(250, 150);
 rotate(angle);
 scale(sz);
 text("Typography", 0, 0);
}
```

예제 10-12는 String 데이터 유형의 배열(Array)을 이용하여 각 텍스트가 순차적으로 디스플레이 되도록 하는 코드이다. (*배열에 관한 설명은 이 장 뒷부분을 참고한다.)

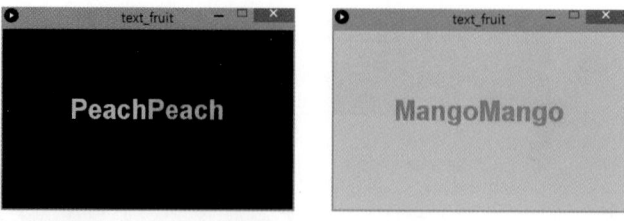

⬤ 학습예제 10-12   text_string

```
PFont myFont;
String[]fruit={"Apple", "Banana", "Kiwi", "Mango", "Pineapple", "Peach"};

int select=0;

void setup(){
    size(500, 300);
    myFont=loadFont("BrowalliaNew-Bold-48.vlw");
    textFont(myFont, 70);
    frameRate(3);

}

void draw(){
    background(random(255));
    select++;

    if(select==fruit.length){          // 배열의 길이만큼 도달했다면
        select=0;                      // 배열의 맨 처음으로 돌아간다.
    }
    textAlign(LEFT);
    fill(random(255), random(255), random(255));
    text(fruit[select], 250, 150);

    textAlign(RIGHT);
    fill(random(255), random(255), random(255));
    text(fruit[select], 250, 150);
}
```

○ 배열(Array)

```
String[ ]fruit={"Apple", "Banana", "Kiwi", "Mango", "Pineapple", "Peach"};
```

바로 앞의 예제 9-13의 코드를 보자. 여러 가지 과일 단어들을 중괄호로 묶고, 이것을 String(문자열) 변수 fruit에 저장하였다. 여러 개의 단어들을 하나의 변수에 저장할 수 있을까.

배열은 여러 개의 동일한 데이터 유형들로 이루어진 변수들을 하나로 묶는 것을 말한다. 즉 메모리에 저장 공간의 위치는 같지만 여러 개의 값을 넣을 수 있다.

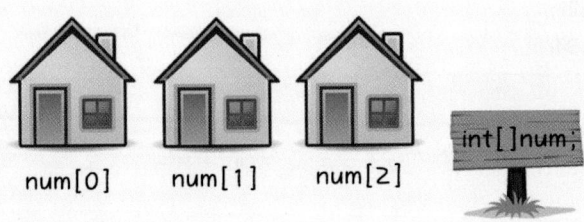

1. 배열 변수 선언

배열 선언은 먼저 데이터 유형을 명시하고, 배열을 나타내는 대괄호[ ]를 쓴다.

그런 다음 배열 변수명을 써 준다.

```
데이터형[ ]변수명;
int[ ]num;
```

2. 배열 변수 생성

new로 배열을 생성하고, 배열의 크기를 정한다.

```
변수명=new 데이터형[개수];
num=new int[2];
```

또는 아래와 같이 배열 변수의 선언과 생성을 동시에 할 수도 있다.

```
int[ ]num=new int[2];
```

3. 초기화

이제 배열의 각 요소를 나열하고, 값을 넣어줌으로써 초기화 한다. 인덱스
(index)는 0부터 시작한다.

```
변수명[인덱스]=값;
numb[0] = 10;
numb[1] = 20;
numb[2] = 30;
```

또는 예제 10-12와 같이 세 과정을 동시에 할 수도 있다.

```
데이터유형[ ]변수명={"데이터",    ,  .....};
String[ ]fruit={"Apple", "Banana", "Kiwi", "Mango", "Pineapple", "Peach"};
```

Apple	Banana	Kiwi	Mango	Pineapple	peach

Index　　0　　　1　　　2　　　3　　　4　　　5

위와 같은 배열이 있다면, 이때 배열의 길이(fruit.length)는 6이된다.

연 습 문 제

1. 프로세싱에서 텍스트를 이미지로 변환하는 폰트파일 확장자는 무엇인지 적어
   보자.

2. 행간을 설정하는 함수는 무엇인지 적어보자.

3. 배열에 대해 한 줄로 설명해보자.

4. 자신의 이름을 5가지 폰트 스타일로 나타내보자.

5. 다양한 텍스트 효과를 이용해서 멋진 모션그래픽을 구현해보자.

11

인터랙션(Interaction)

Abstract

프로세싱의 대표적인 특징은 바로 인터랙티브 그래픽을 구현할 수 있다는 것이다. 사실 이미 우리는 컴퓨터 화면이나 스마트 폰 속의 이미지들과 마우스, 키보드 또는 터치와 같은 입력을 통해 인터랙션하고 있다.

프로세싱에서도 마우스나 키보드와 같은 물리적인 입력 장치들에 의해 상호작용 가능한 이미지를 구현할 수 있다. 스크린 위의 마우스 위치를 감지하거나, 마우스 클릭, 드래그, 키보드 클릭 등을 감지하여 이를 통한 값이 이미지 변화에 작용하도록 하는 것이다.

다양한 입력에 따라 반응하는 이미지를 구현해보자.

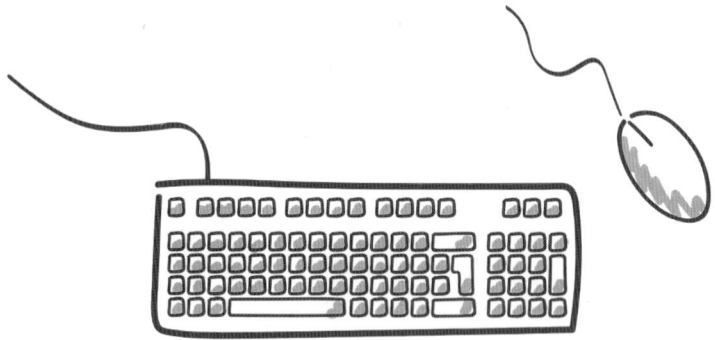

11.1 마우스 위치

mouseX, mouseY

마우스나 키보드의 입력에 의해 반응하는 이미지를 구현하기 위해서는 draw()함수가 반복 실행되면서 마우스의 위치나 클릭 유무 등의 정보를 지속적으로 감지해야 한다. 마우스의 위치는 마우스 커서의 x좌표와 y좌표를 나타내는 변수 mouseX, mouseY를 사용한다.

예제 11-1은 마우스의 위치를 사각형 그리기의 시작점으로 지정하여, 사각형이 마우스를 따라다니도록 하였다.

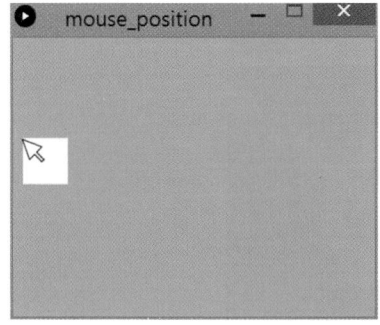
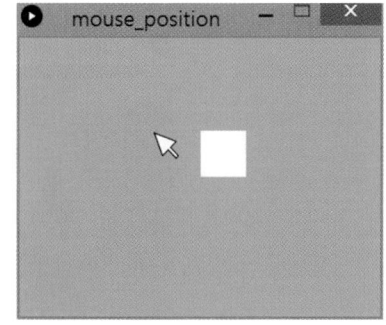

마우스의 위치 x, y를 따라다니기   마우스 위치 x+50, y를 따라다니기

● 학습예제 11-1   mouse_position_1

```
void setup(){
  size(400, 300);
  smooth();
  noStroke();
}
void draw(){
  background(200, 200, 0);
  fill(255);
  rect(mouseX, mouseY, 50, 50);
  //rect(mouseX+50, mouseY, 50, 50);        // 그림 2
}
```

오른쪽 그림처럼 마우스 위치의 x좌표에 50을 더하면, 사각형이 마우스 커서보다 50pixel 만큼 뒤에 위치하여 따라다니게 된다.

이번에는 마우스를 따라 사각형이 연속적으로 그려지도록 코드를 작성해보자.

예제 11-1 코드를 보면 background()함수가 draw()함수 안에 있음을 볼 수 있다.

즉 매 프레임마다 background()함수가 반복 실행되면서 이전 프레임에 그려진 이미지를 덮기 때문에, 이전에 그려진 사각형이 계속 지워지게 된다.

그러나 예제 11-2에서는 background()함수가 setup() 안에 있으므로, background()함수가 한 번만 실행되기 때문에, 이전에 그린 그림이 남아있게 된다.

● **학습예제 11-2**   mouse_position_background

```
void setup(){
  size(400, 300);
  smooth();
  noStroke();
  background(255, 130, 0);
}

void draw(){
  fill(255, 100);
  rect(mouseX, mouseY, 30, 30);
}
```

아래의 그림과 같이 잔상 효과를 연출하고자 한다면, draw()함수를 아래와 같이 작성하면 된다.

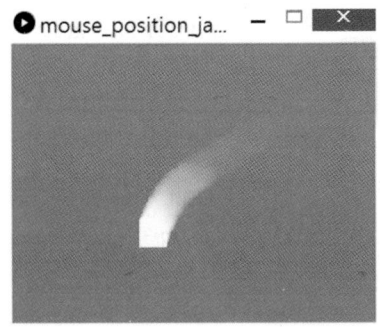

```
void draw(){
  fill(255,130,0,20);        // 투명도가 적용된 색상으로
  rect(0, 0, width, height);  // 디스플레이 창과 같은 사이즈의 사각형
  fill(255,100);
  rect(mouseX, mouseY, 30, 30);
}
```

11.2 마우스의 이동거리와 속도

pmouseX, pmouseY,
dist(mouseX, mouseY, pmouseX, pmouseY);

dist()함수를 이용하면 마우스가 이동한 거리를 검출할 수 있다. 매개변수 pmouseX, pmouseY에서 p는 '이전'을 의미하는 previous 라는 뜻으로, 이전 마우스의 위치 값이 저장되어있다. 따라서 이전 마우스의 위치값와 현재 마우스 위치값의 차이에 의해 마우스의 이동한 거리를 계산할 수 있다.

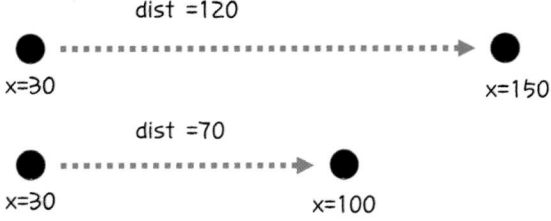

만약 짧은 거리를 이동했다면 마우스의 이동속도가 느린 것이고, 먼 거리를 이동했다면 마우스의 속도가 빠름을 의미한다.

예제 11-3은 마우스의 이동거리 즉 속도에 따라 원의 크기가 설정되는 코드이다. 마우스를 빠르게 움직이면 변수 dist의 값이 커지므로 큰 사이즈의 원이 그려지고, 천천히 움직이면 작은 원이 그려진다.

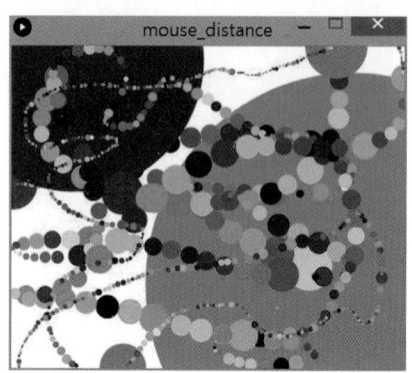

⬤ **학습예제 11-3**　mouse_distance

```
void setup(){
  size(500, 400);
  background(255);
  smooth();
  noStroke();
}
void draw(){
  float size=dist(mouseX, mouseY, pmouseX, pmouseY);
  fill(random(255), random(255), random(255));
  ellipse(mouseX, mouseY, size, size);
}
```

❖ 이징(Easing)을 이용한 부드러운 이동

이미지가 좀 더 부드럽고 자연스럽게 마우스를 따라다니도록 하고자 할 때에는 '이징'을 사용한다. 즉 시작 지점부터 도착 지점까지 동일한 속도로 이동을 하는 것이 아니라, 도착 지점에 다가갈수록 속도를 늦추는 것이다.

그러면 마우스 위치값이 조금 늦게 반영되어, 결과적으로 마우스를 좀 더 부드럽게 따라다니는 효과가 있다. 아래의 그림과 예제를 살펴보자.

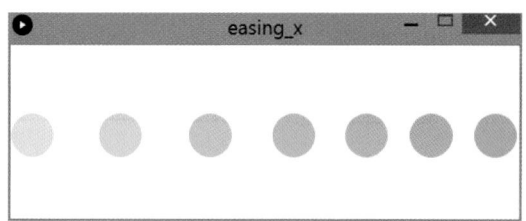

● 학습예제 11-4 easing_x

```
float x;
float easing = 0.05;

void setup() {
  size(600, 200);
  noStroke();
}



void draw() {
  background(255);

  float targetX = mouseX;
  x = x + (targetX - x) * easing;

  fill(250, 196, 18, 150);
  ellipse(x, 100, 50, 50);

}
```

마우스가 수평으로 이동할 때, 원이 마우스에 점점 느리게 다가가는 것을 볼 수 있다. 이러한 속도의 변화가 일어나는 것은 x = x + (targetX − x) * easing 부분이다. 여기에서 (targetX − x) 는 도착지점과 현재위치 간의 거리를 뜻한다.

```
x = x + (targetX - x) * easing;
ellipse(x, 100, 50, 50);
```

시작지점이 10, 도착 지점이 100, 그리고 easing이 0.1 일 때,

```
(100 - 10) * 0.1 = 9 이므로 x값은 19
(100 - 19) * 0.1 = 8.1 이므로 x값은 19+8.1=27.1
(100 - 27.1) * 0.1 = 7.29 이므로 x값은 27.1+7.29=34.39
```

이러한 방식으로 x의 값은 19, 27.1, 34.9...과 같이 점점 targetX에 가까워진다. 그러나 x의 이동간격은 9, 8.1, 7.29...와 같이 점점 줄어든다. 즉 간격이 좁아진다는 것은 점차 느린 속도로 도착지점에 다가감을 의미한다.

위의 예제를 응용하여, x와 y모두에 이징을 적용해보자. 선이 아주 유연하게 그려지는 것을 알 수 있다.

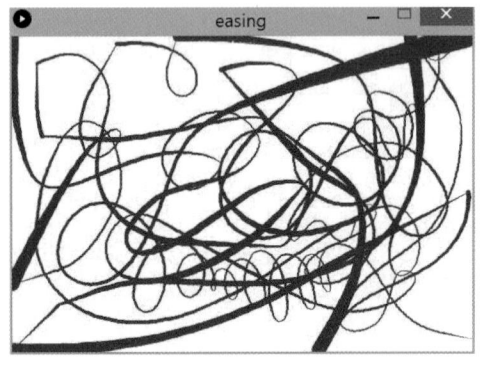

● **학습예제 11-5**   easing_x_y

```
float x, y;
float px, py;
float easing=0.03;

void setup(){
  size(600, 400);
  background(255);
  smooth();

}
void draw(){
  float targetX=mouseX;
  x+=(targetX-x)*easing;

  float targetY=mouseY;
  y+=(targetY-y)*easing;
```

```
   float size=dist(x,y,px,py);
   stroke(255,0,0);
   strokeWeight(size);
   line(x,y,px,py);

   px=x;
   py=y;
  }
```

11.3 마우스 롤오버

이번에는 마우스가 위치한 영역에 따라 반응하는 이미지를 구현해보자. 먼저 화면을 4개의 영역으로 분할한 다음, if, else if, else 조건문 구조를 이용하여 마우스가 위치한 영역에 따라 배경색이 바뀌도록 한다.

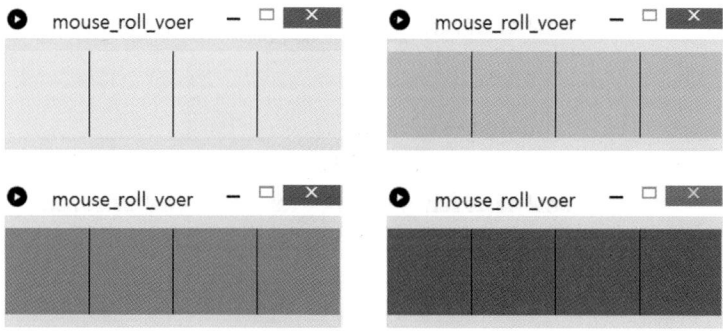

● **학습예제 11-6** mouse_roll_over

```
void setup() {
  size(400, 100);
}

void draw() {
  if (mouseX<width/4) {              // mouseX의 위치가 100 미만일 때
    background(245, 220, 220);
  } else if (mouseX<(width/4)*2) {   // mouseX의 위치가 200 미만일 때
    background(245, 175, 175);
  } else if (mouseX<(width/4)*3) {   // mouseX의 위치가 300 미만일 때
```

```
    background(245, 110, 110);
  } else {                              // mouseX의 위치가 400 미만일 때
    background(245, 55, 55);
  }
  stroke(0);
  line(100, 0, 100, 200);
  line(200, 0, 200, 200);
  line(300, 0, 300, 200);
}
```

또한 마우스가 특정한 영역 안에 위치할 때, 이미지에 변화를 줄 수 있다.
아래의 그림처럼 사각형 영역을 지정하기 위해서는 다음과 같이 표현할 수
있다.

논리 연산자 '&&'는
'그리고 and'를 의미
한다. 4가지 조건에 모두
만족하면 사각형 영역이
된다.

```
(mouseX>130) && (mouseX<280) && (mouseY>100) && (mouseY<280)
```

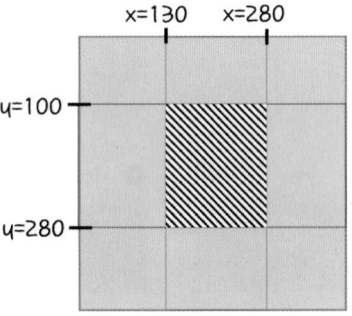

아래의 예제는 마우스가 사각형 영역 안에 속하면, 사각형의 색상이 바뀌
는 코드이다.

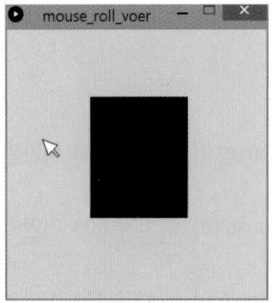
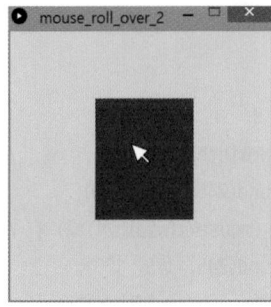

● **학습예제 11-7**   mouse_roll_over_2

```
void setup() {
  size(400, 400);
  background(255, 255, 0);
  noStroke();
}

void draw() {
  if ((mouseX>130)&&(mouseX<280)&&
    (mouseY>100)&&(mouseY<280)) {

    fill(255, 0, 0);
  } else {
    fill(0);
  }
  rect(130, 100, 150, 180);
}
```

11.4 마우스 누르기

mousePressed
mouseButton

프로세싱은 마우스의 위치 뿐 아니라, 마우스 버튼의 클릭 유무를 감지할 수 있다.

만약 마우스 버튼을 누르면 변수 mousePressed가 참(true)이 되고, 그렇지 않을 경우는 거짓(false)이 된다.

또한 변수 mouseButton은 마우스의 왼쪽, 오른쪽 그리고 가운데 버튼을 구분하여 이미지에 변화를 줄 수 있다. 이를 이용하여 예제 11-8과 같이 마우스로 그림을 그려보자.

● 학습예제 11-8   mouse_drawing

```
void setup(){
  size(700, 300);
  background(255);
}
void draw(){
  if(mousePressed==true){
    fill(random(255), random(255), random(255));
    ellipse(mouseX, mouseY, 20, 20);
  }
}
```

이번엔 마우스를 누르면 원의 색상이 바뀌도록 해보자.

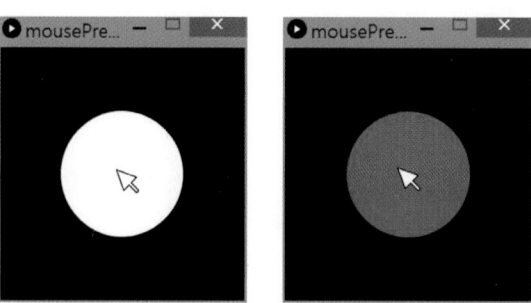

● 학습예제 11-9   mousePressed_ellipse

```
void setup(){
  size(300,300);
  noStroke();
}
```

```
void draw(){
  background(0);
  if(mousePressed==true){
    fill(15, 125, 245);
  }
  else{
    fill(255);
  }
  ellipse(150,150,150,150);
}
```

다음 예제는 서로 다른 마우스 버튼을 눌렀을 때 색상이 변하는 코드이다.

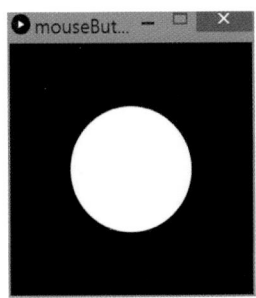  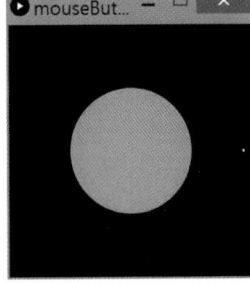

⬤ 학습예제 11-10

```
void setup(){
  size(300, 300);
  noStroke();
}

void draw(){
  background(0);
  if(mouseButton==LEFT){
      fill(15, 125, 245);
    }else if(mouseButton==RIGHT){
      fill(255, 155, 0);
    }else{
      fill(255);
    }
    ellipse(150, 150, 150, 150);
  }
```

11.5 키보드

> *keyPressed*
> *key*
> *keyCode*

이번에는 키보드와 인터랙션 해보자. 변수 keyPressed는 키를 누르면 참 (true)이 되고, 그렇지 않으면 거짓(false)이 된다. 변수 key는 소문자 a,b, 또는 대문자 A,B와 같이 특정한 키를 지정할 수 있으며, keyCode는 코드 화된 키(Coded key) 즉 방향키 및 alt, shift, ctrl, backspace 과 같은 키를 지정할 수 있다.

아래의 예제는 키보드를 누르면 사각형이 시계방향으로 회전하는 코드이다.

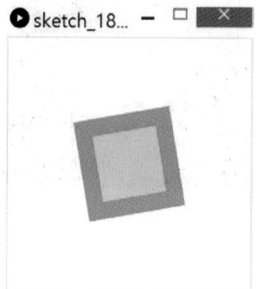

🔵 **학습예제 11-11**   key_pressed_rotation_1

```
float angle=0;

void setup(){
    size(300, 300);
    smooth();
    strokeWeight(20);
    stroke(20, 211, 201);
    fill(255, 255, 0);

}
void draw(){
    background(255);
      if(keyPressed==true){
          angle+=0.1;
```

```
    }

    translate(150,150);
    rotate(angle);
    rectMode(CENTER);
    rect(0,0,100,100);
}
```

예제 11-12 은 특정한 키, 즉 숫자 1을 누르면 사각형이 시계방향으로 회
전하고, 숫자 2를 누르면 시계반대방향으로 회전하는 코드이다.

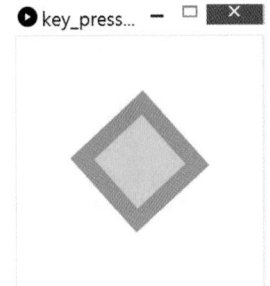

🔵 **학습예제 11-12** key_pressed_rotation_2

```
float angle=0;

void setup(){
    size(300, 300);
    smooth();
    strokeWeight(20);
    stroke(20, 211, 201);
    fill(255, 255, 0);
}
void draw(){
    background(255);
      if(keyPressed){
        if(key=='1'){
           angle+=0.1;
        }
        if(key=='2'){
           angle-=0.1;
        }
```

```
    }
  translate(150,150);
  rotate(angle);
  rectMode(CENTER);
  rect(0,0,100,100);
}
```

키보드의 'a' 키를 누를 경우, 대문자 A와 소문자 a 모두에 대해 반응하도록 할 수도 있다.

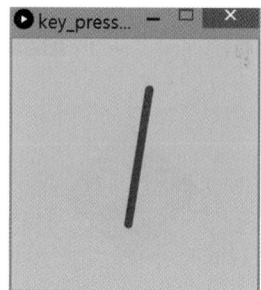

⬤ 학습예제 11-13   key_pressed_upper

```
int x=0;
void setup(){
  size(300, 300);
  smooth();
  strokeWeight(10);
  stroke(255, 3, 91);
}
void draw(){
  background(200);
    if(keyPressed){
      if((key=='A')||(key=='a')){    // 대문자 'A'이거나 또는 소문자 'a'일 때
        x+=2;
      }
      if((key=='B')||(key=='b')){    // 대문자 'B'이거나 또는 소문자 'b'일 때
        x-=2;
      }
    }
  line(x-5, 60, x-30, 220);
}
```

이번에는 방향키를 이용해서 원을 움직여보자. 방향키를 명시하기 전에 key==CODED를 먼저 언급하도록 한다.

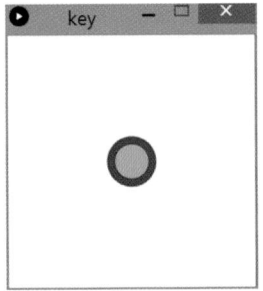

⬤ **학습예제 11-14**   Key_coded

```
int x=150;
int y=150;

void setup(){
   size(300, 300);
   smooth();
   strokeWeight(10);
   stroke(136, 17, 216);
   fill(105, 245, 137);
}
void draw(){
   background(255);
     if(key==CODED){
       if(keyCode==UP){
          y-=2;
       }
      else if(keyCode==DOWN){
          y+=2;
       }
      else if(keyCode==LEFT){
          x-=2;
       }
      else if(keyCode==RIGHT){
          x+=2;
       }
     }
  ellipse(x, y, 50, 50);
}
```

11.6 이벤트(Events)

mousePressed()
mouseReleased()
keyPressed()
keyReleased()

컴퓨터 프로그래밍에서 이벤트란 스크린에서 발생하는 사건들, 예를 들면 마우스 클릭, 마우스 드래그, 키보드 입력 등이 일어나는 순간을 의미하며, 이러한 사건들이 발생했을 때 어떠한 동작이 처리되는 것을 말한다. 프로세싱에서는 마우스, 키보드에 의한 다양한 이벤트를 통해 특정한 일을 수행하도록 프로그래밍 할 수 있다.

다음 예제는 마우스를 누를 때 마다 k 값이 5씩 증가하는 mousePressed() 함수를 만들어, 마우스를 누를 때 마다 사각형의 R값이 5씩 증가하도록 하는 코드이다.

⬤ **학습예제 11-15** mouse_Pressed_function

```
float k=0;

void setup() {
size(300, 300);
}

void draw() {
  fill(k, 0, 0);
  rect(0, 0, width, height);
}
```

```
void mousePressed() {
    k+=5;
    println(k);
}
```

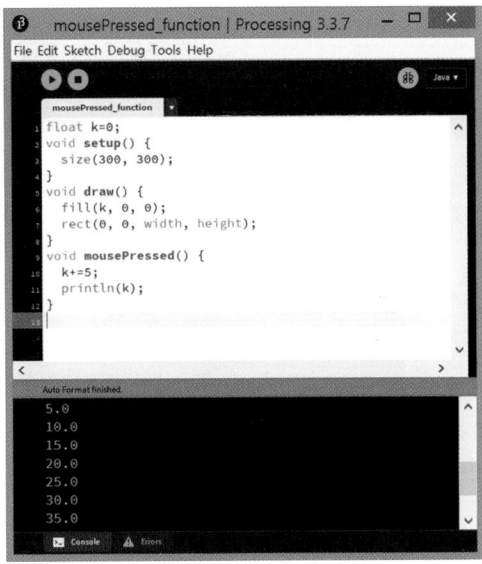

그러나 우리는 앞서 변수 mousePressed를 통해 마우스를 누르면 어떠한 동작을 실행하는 것을 배웠다. 변수 mousePressed는 마우스를 누르고 있는 동안 계속 실행이 되는 대 비해, mousePressed()는 마우스를 누르면 한 번만 실행되는 차이점이 있다.

예제 11-15과 아래의 코드를 각각 실행 후 비교해 보자. 두 코드의 차이점을 확인하기 위해서 println()함수로 k값의 변화 양상을 출력해본다.

● 학습예제 11-16 mouse_Pressed_variable

```
float k=0;

void setup() {
  size(300, 300);
}
```

```
void draw() {
  fill(k, 0, 0);
  rect(0, 0, width, height);
  if (mousePressed==true) {
    k+=5;
    println(k);
  }
}
```

아래의 예제는 키보드의 키를 누르면 사각형의 폭과 높이가 '키에 해당하는 값'에 따라 지정되어 그려지는 코드이다. (*키에 해당하는 값은 이 장 뒷부분의 아스키 코드에서 자세히 다루었다.)

● **학습예제 11-17**   key_pressed_function

```
void setup() {
  size(300, 300);
  fill(255, 3, 91);
}
void draw() {
}

void keyPressed() {
  float d=key*2.0;
  fill(255, 3, 91, 50);
  rect(0, 0, d, d);
}
```

○ 아스키코드(ASCII)

American Standard Code for Information Interchange

아스키코드는 미국표준협회(ANSI)에서 지정한 표준 부호체계로서, 문자를 숫자로 표현하기 위한 일종의 약속이다. 컴퓨터는 문자를 인식하지 못하기 때문에, 문자에 번호를 부여해서 컴퓨터가 처리할 수 있도록 만든 것이다.

아스키코드의 구성은 특정한 동작을 수행하는 출력 불가능한 33개의 제어 문자 및 95개의 출력 가능한 문자 즉 52개의 영문 알파벳 대소문자, 10개의 숫자, 32개의 특수 문자, 그리고 하나의 공백 문자로 이루어져있다.

예를 들어 문자 'A'에 해당하는 값은 97, 특수 문자 '/'에 해당하는 값은 79로 표현할 수 있다.

```
'A' -> 97,   '/ '-> 79
```

아스키코드를 활용하고자 할 때에는 다음 표를 참고하자.

아스키코드값

10진수	16진수	문자	10진수	16진수	문자	10진수	16진수	문자	10진수	16진수	문자
0	0x00	NUL	32	0x20	Space	64	0x40	@	96	0x60	`
1	0x01	SOH	33	0x21	!	65	0x41	A	97	0x61	a
2	0x02	STX	34	0x22	"	66	0x42	B	98	0x62	b
3	0x03	ETX	35	0x23	#	67	0x43	C	99	0x63	c
4	0x04	EOT	36	0x24	$	68	0x44	D	100	0x64	d
5	0x05	ENQ	37	0x25	%	69	0x45	E	101	0x65	e
6	0x06	ACK	38	0x26	&	70	0x46	F	102	0x66	f
7	0x07	BEL	39	0x27	'	71	0x47	G	103	0x67	g
8	0x08	BS	40	0x28	(	72	0x48	H	104	0x68	h
9	0x09	TAB	41	0x29	)	73	0x49	I	105	0x69	i
10	0x0A	LF	42	0x2A	*	74	0x4A	J	106	0x6A	j
11	0x0B	VT	43	0x2B	+	75	0x4B	K	107	0x6B	k
12	0x0C	FF	44	0x2C	,	76	0x4C	L	108	0x6C	l
13	0x0D	CR	45	0x2D	–	77	0x4D	M	109	0x6D	m
14	0x0E	SO	46	0x2E	.	78	0x4E	N	110	0x6E	n
15	0x0F	SI	47	0x2F	/	79	0x4F	O	111	0x6F	o
16	0x10	DEL	48	0x30	0	80	0x50	P	112	0x70	p
17	0x11	DC1	49	0x31	1	81	0x51	Q	113	0x71	q
18	0x12	DC2	50	0x32	2	82	0x52	R	114	0x72	r
19	0x13	DC3	51	0x33	3	83	0x53	S	115	0x73	s
20	0x14	DC4	52	0x34	4	84	0x54	T	116	0x74	t
21	0x15	NAK	53	0x35	5	85	0x55	U	117	0x75	u
22	0x16	SYN	54	0x36	6	86	0x56	V	118	0x76	v
23	0x17	ETB	55	0x37	7	87	0x57	W	119	0x77	w
24	0x18	CAN	56	0x38	8	88	0x58	X	120	0x78	x
25	0x19	EM	57	0x39	9	89	0x59	Y	121	0x79	y
26	0x1A	SUB	58	0x3A	:	90	0x5A	Z	122	0x8A	z
27	0x1B	ESC	59	0x3B	;	91	0x5B	[	123	0x8B	{
28	0x1C	FS	60	0x3C	⟨	92	0x5C	\	124	0x8C		
29	0x1D	GS	61	0x3D	=	93	0x5D	]	125	0x8D	}
30	0x1E	RS	62	0x3E	⟩	94	0x5E	^	126	0x8E	~
31	0x1F	US	63	0x3F	?	95	0x5F	_	127	0x8F	DEL

연습문제

1. 마우스의 이동거리와 속도를 계산하기 위한 함수는 무엇인지 적어보자.

2. 마우스 커서의 위치보다 앞에서 마우스를 따라다니는 도형을 구현해보자.

3. 마우스를 눌렀을 때 도형이 반응하도록 코드를 작성해보자.

4. 마우스를 따라다니는 선을 그려보자.

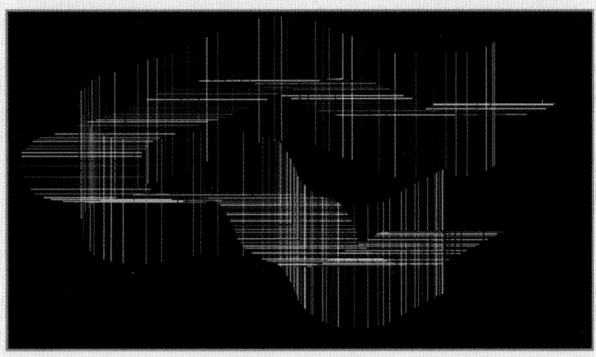

5. 키보드를 누를 때, 키 값에 따라 원이 그려지도록 코드를 작성해보자.

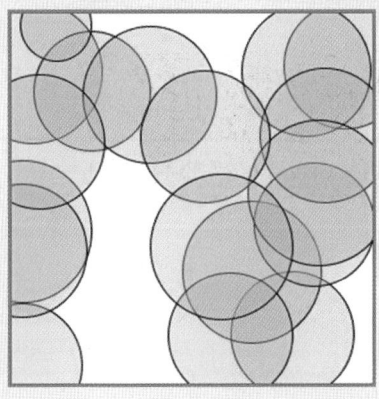

12

객체 지향

(Object Oriented Programming)

Abstract

이번 장에서는 이름만 들어도 왠지 낯설고 어려울 것만 같은 '객체 지향 프로그래밍'에 대해 이야기를 해보고자 한다.

객체지향에 어려움을 느낀다면 그것은 내용도 내용이지만 'object'가 '객체'라는 친근하지 않은 단어로 번역된 이유일 것이다.

객체지향은 다른 게 아니라 프로그래밍에 대한 '관점'이라고 할 수 있다. 그동안 우리는 명령어들이 모인, 그 명령어들이 위에서부터 아래로 순차적으로 진행되는 절차위주의 프로그래밍을 해왔다. 그러나 객체지향은 우리가 배울 '객체'라는 것을 중심에 두고, 그 객체와 객체의 역할과 관계를 중심으로 프로그래밍하는 것을 말한다.

절차지향은 순차적으로 처리되기 때문에, 순서가 바뀌거나 어느 한 부분에 문제가 있어도 전체가 실행이 되지 않는다. 그러나 객체 지향은 프로그램을 객체 단위로 구성하고, 이를 조합하여 사용하는 방식이기 때문에, 어느 한 부분에 문제가 있더라도 전체에게 영향을 미치지 않는다. 따라서 프로그램 개발과 유지 보수가 용이하다는 장점이 있다.

낯선 단어들과 개념을 만나겠지만, 프로그래밍에 대한 기대감으로 첫 페이지를 펼쳤던 것처럼 용기 있게 시작해보자. 늘 그렇듯 이해하고 나면 별것 아니다.

12.1 객체 중심의 프로그래밍

> 클래스, 속성, 상태, 행위, 객체, 멤버변수, 필드, 멤버함수, 메서드,
> 인스턴스, 생성자, 메세지......

객체지향에 대해 공부하기 위해 책을 펼치면 위와 같은 단어와 개념들을
만나게 된다. 먼저 객체지향의 의미에 대해 자세히 살펴보자.

- 객체: 객관적으로 존재하는 대상, 실체
- 지향: 어느 한쪽으로 뜻을 모아 향하다.
    - → 객체지향 프로그래밍: 객체(object)를 중심으로 프로그래밍 한다.

위와 같이 '객체', '지향'의 사전적인 의미처럼, 객체지향은 실제 존재하는
대상을 향한다는 것이다. 즉 객체를 중심으로 프로그래밍 하는 것을 객체
지향 프로그래밍이라 한다. 이러한 객체를 이해하기 위해서는 먼저 '클래스
(class)'라는 존재가 필요하다. 아래의 그림을 살펴보자.

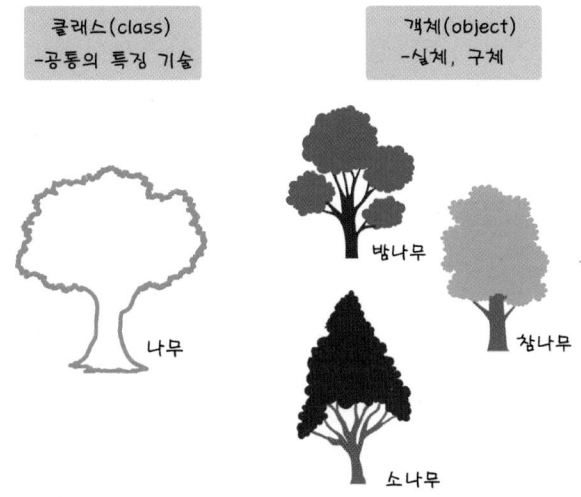

- 클래스: 나무
- 객체: 밤나무, 참나무, 소나무......

클래스는 어떠한 대상이 공통적으로 지니는 특징을 기술한 것을 의미하고, 객체는 그 특징을 기반으로 대상을 실체화 한 것을 말한다. 즉 클래스는 집을 짓기 위한 설계도이고, 객체는 그 설계도를 기반으로 지은 실제의 집을 의미한다.

이러한 클래스는 '속성(attribute)'과 '행위(behavior)'로 이루어져 있다. 다시 아래의 그림을 보면서 이해해보자.

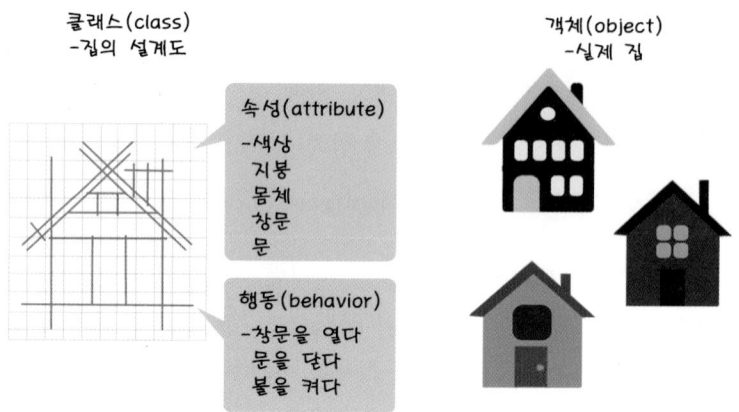

그림과 같이 속성은 색상, 지붕, 몸체 등 명사로 표현할 수 있는 대상이 가지고 있는 공통적인 특성을 말하며, 행동은 창문을 열다, 문을 닫다와 같이 동사로 표현할 수 있는 행위를 말한다.

이때 속성에 해당하는 것을 멤버 변수(member variable) 또는 필드(field), 행위에 해당하는 것을 멤버 함수(member function) 또는 메서드(method)라고 한다.

이제 클래스에 정의된 속성과 행동을 실체화 시켜야 하는데 이를 객체라 하며, 이러한 객체를 클래스의 '인스턴스(instance)'라고 한다. 인스턴스란 설계도에 지나지 않은 클래스가 실제로 컴퓨터의 메모리에 할당되어, 사용할 수 있는 상태가 되었다는 의미이다.

- 속성(attribute) = 멤버 변수(member variables) = 필드(field)
- 행위(behavoir) = 멤버 함수(member functions) = 메서드(method)
- 객체(object) = 클래스의 인스턴스(instance)

12.2 클래스와 객체 정의하기

클래스를 설계하는 방법을 알아보자. 순서와 형식은 다음과 같다.

① 클래스 명을 정한다.

```
class 클래스 명{

}
```

클래스는 반드시 소문자로 명시해야 하며, 클래스 명은 다른 것들과 구분하기 위해 주로 대문자로 작성한다.

② 멤버 변수를 추가한다.

```
class 클래스 명{

 color c;          // 멤버 변수
 float a;
 float b;
 ......
}
```

③ 생성자(constructor) 함수를 작성하여 변수에 초기값을 할당한다.

```
클래스 명() {

}
```

생성자는 객체를 초기화하는 함수로서, 객체가 생성될 때 자동으로 호출되어 멤버 함수를 초기화 한다. 생성자는 값을 반환하지 않으며, 생성자 명은 클래스 명과 동일해야 한다.

④ 멤버 함수를 추가한다.

```
void 함수명() {

}
```

멤버 함수는 여러 개가 올 수 있으며, 클래스에 속한 함수이므로, 들여쓰기
해줌으로써 코드의 위계가 잘 나타나도록 한다.

위의 과정을 한 눈에 살펴보자.

▦ 클래스 정의의 예

```
class dRect{
 color c;                 // 멤버 변수
 float a;
 float b;

 dRect() {                // 생성자(constructor)로 멤버 변수 초기화
    c = color(175,32,165);
    xpos = width/2;
    ypos = height/2;
 }
 void display() {         // 멤버 함수
    stroke(0);
    fill(c);
    rect(xpos, ypos, 20, 10);
 }
}
```

다음의 코드는 9장의 예제 9-4의 일부를 클래스로 작성한 것이다. 본래 작
성된 코드와, 이를 클래스 구조로 작성한 코드와 비교해보자.

⬤ **학습예제 12-1**　procedural_object oriented

〈예제 9-4_절차지향 프로그램〉

```
void draw() {
  drawhouse(100, 150);
  drawhouse(350, 150);
  drawhouse(700, 150);
}

void drawhouse(float xPos, float yPos ) {
  fill(222, 27, 33);
  rect(xPos, yPos, 200, 200);

  fill(255, 167, 3);
  rect(xPos+60, yPos+30, 35, 50, 7);
  rect(xPos+105, yPos+30, 35, 50, 7);
  rect(xPos+60, yPos+90, 80, 110);

  fill(147, 22, 26);
  ellipse(xPos+130, yPos+150, 10, 10);
  rect(xPos+150, yPos-100, 30, 70);
  triangle(xPos+100, yPos-100, xPos-50, yPos, xPos+250, yPos);
}
```

〈예제 9-4 수정_객체지향 프로그램〉

```
class House {              // 클래스 정의(클래스 명: House)
  color c1;               // 멤버 변수
  color c2;
  color c3;
  float xPos;
  float yPos;

  House() {               // 생성자(constructor)로 멤버 변수 초기화
    c1 = color(222, 27, 33);
    c2 = color(255, 167, 3);
    c3 = color(147, 22, 26);
    xPos = width/4;
    yPos = height/3;
```

```
  }
  void display() {          // 멤버 함수

    fill(c1);       // 집의 몸체
    rect(xPos, yPos, 200, 200);

    fill(c2);       // 집의 창문과 문
    rect(xPos+60, yPos+30, 35, 50, 7);
    rect(xPos+105, yPos+30, 35, 50, 7);
    rect(xPos+60, yPos+90, 80, 110);

    fill(c3);
    ellipse(xPos+130, yPos+150, 10, 10);      // 지붕과 문손잡이
    rect(xPos+150, yPos-100, 30, 70);
    triangle(xPos+100, yPos-100, xPos-50, yPos, xPos+250, yPos);
  }
}
```

클래스를 정의했다면, 이제 클래스를 바탕으로 객체를 생성해보자. 객체를 선언하는 순서와 방법은 다음과 같다.

① 객체를 선언한다.

```
House myHouse;
```

② 키워드 new를 이용해서 객체를 초기화 한다.

```
myHouse = new House();
```

③ 객체의 멤버함수를 호출한다.

```
myHouse.display();
```

이제 예제 12-1의 클래스에 대해서 객체를 생성하여 전체 코드를 작성해
보자.

● 학습예제 12-2   class_drawHouse

```
House myHouse;                    // 클래스 House의 객체 myHouse 선언

void setup() {
  size(480, 450);
  background(155, 198, 76);
  noStroke();
  myHouse = new House();          // 객체 초기화
}

void draw() {
  myHouse.display();              // 멤버함수 호출
}

class House {                     // 클래스
  color c1;
  color c2;
  color c3;
  float xPos;
  float yPos;

  House() {                       // 생성자
    c1 = color(222, 27, 33);
    c2 = color(255, 167, 3);
    c3 = color(147, 22, 26);
    xPos = width/4;
    yPos = height/3;
  }
```

```
  void display() {                   // 멤버 함수

    fill(c1);
    rect(xPos, yPos, 200, 200);

    fill(c2);
    rect(xPos+60, yPos+30, 35, 50, 7);
    rect(xPos+105, yPos+30, 35, 50, 7);
    rect(xPos+60, yPos+90, 80, 110);

    fill(c3);
    ellipse(xPos+130, yPos+150, 10, 10);
    rect(xPos+150, yPos-100, 30, 70);
    triangle(xPos+100, yPos-100, xPos-50, yPos, xPos+250, yPos);
  }
}
```

앞에서 배운 클래스와 객체 정의를 응용해서 Ball 클래스 및 객체를 생성하
여 프로그램을 작성해보자. Ball 클래스는 원의 반지름, 위치, 이동속도 및
색상을 멤버 변수로 하고, move(), display()함수를 멤버 함수로 한다.

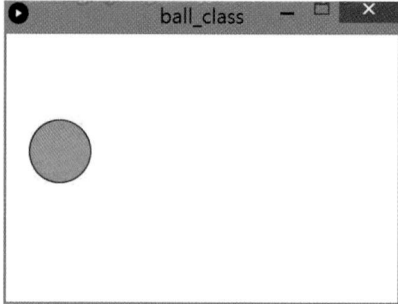

● 응용예제 12-3   ball_class

```
Ball ball;                   // Ball 클래스에 대한 ball 객체 선언

void setup() {
  size(450, 300);
  ball = new Ball(70);       // 객체 초기화
}
```

```
void draw() {
  background(255);

  ball.move();              // 멤버 함수1 호출
  ball.display();           // 멤버 함수2 호출
}

class Ball {

 float r; // radius
  float x, y;
  float xspeed, yspeed;
  color c;

  Ball(float radius) {      // 생성자로 멤버 변수 초기화
    c=color(255,166,0);
    r = radius;
    x = random(width);
    y = random(height);
    xspeed = random(1, 5);
    yspeed = random(1, 5);
  }

  void move() {             // 멤버 함수1
    x += xspeed; // Increment x
    y += yspeed; // Increment y

    if (x > width || x < 0) {
      xspeed *= - 1;
    }
    if (y > height || y < 0) {
      yspeed *= - 1;
    }
  }

  void display() {          // 멤버 함수2
    fill(c);
    ellipse(x, y, r, r);
  }
}
```

여러 개의 객체를 생성할 수도 있다. 예제 12-3을 바탕으로 2개의 객체를
생성해보자. 코드의 앞부분을 다음과 같이 수정하면 된다.

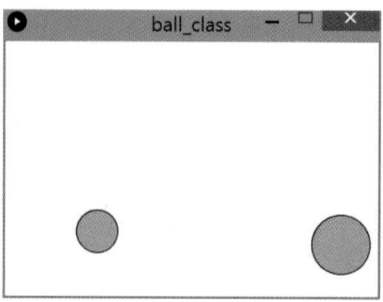

```
Ball ball_1;
Ball ball_2;

void setup() {
  size(450, 300);
  ball_1 = new Ball(70);
  ball_2 = new Ball(50);
}

void draw() {
  background(255);

  ball_1.move();
  ball_1.display();
  ball_2.move();
  ball_2.display();
}
```

한 걸음 더 들어가보자. 앞에서 배웠던 배열(array)을 이용해서 ball 배열을
생성하고, 배열의 길이만큼 객체를 초기화한 후, 함수를 호출한다.

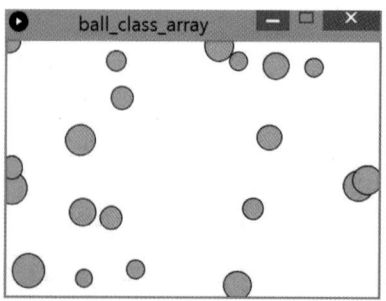

● **학습예제 12-4** ball_class_array

```
Ball[] ball= new Ball[20];                    // 배열 객체 선언


void setup() {
  size(450, 300);
  for (int i=0; i<ball.length; i++) {         // 배열의 길이만큼 객체 초기화
    ball[i]=new Ball(random(20, 40));
  }
}
void draw() {
  background(255);
  for (int i = 0; i < 20; i++) {              // 멤버 함수 호출
    ball[i].move();
    ball[i].display();
  }
}
class Ball {

  float r;
  float x, y;
  float xspeed, yspeed;
  color c = color(255, 166, 0);

  Ball(float radius) {
    r = radius;
    x = random(width);
    y = random(height);
    xspeed = random(1, 5);
    yspeed = random(1, 5);
  }

  void move() {
    x += xspeed; // Increment x
    y += yspeed; // Increment y

    // Check horizontal edges
    if (x > width || x < 0) {
      xspeed *= - 1;
    }
```

```
    // Check vertical edges
   if (y > height || y < 0) {
     yspeed *= - 1;
   }
 }

 void display() {
   fill(c);
   ellipse(x, y, r, r);
 }
}
```

⬤ 탭(tab)의 분리

프로그램에서 클래스는 탭을 분리해서 작성하는 것도 좋다. 아래의 그림을
참고하자.

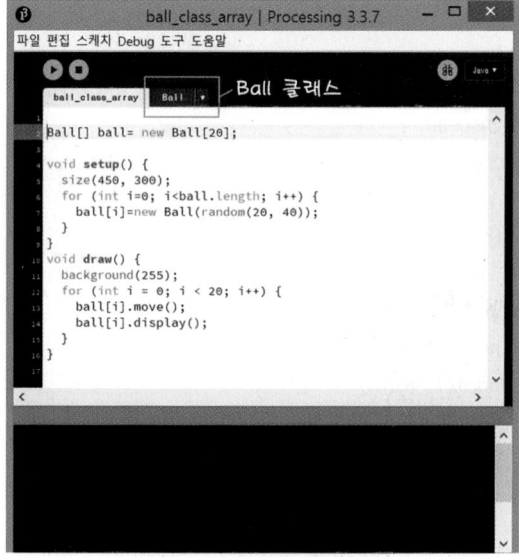

연습문제

1. 객체지향 프로그램에 대해 간략하게 적어보자.

2. 클래스를 구성하는 것은 무엇인지 적어보자.

3. 클래스를 실체화 한 객체는 클래스의 _____이다.

4. 생성자 함수의 역할에 대해 적어보자.

5. 간단한 클래스를 정의하여 화면에 사각형을 그리는 코드를 작성해보자.

13

이미지 디스플레이 및 효과 적용

프로세싱에서는 다양한 형태의 이미지 파일을 불러와 화면에 디스플레이 할 수 있다. 또한 포토샵 프로그램과 같이 필터나 합성 효과들을 적용할 수 있다. 이를 위해서 필터, 합성에 관련된 함수를 사용해서 간단하게 구현할 수도 있고, 이미지를 구성하고 있는 각 픽셀에 접근하여, 픽셀의 값을 변화시킴으로서 효과를 낼 수 있다.

13.1 이미지 디스플레이

이미지를 화면에 디스플레이 하기 위해서는 먼저 스케치 파일을 저장한다. 그런 다음 저장된 폴더 내부에 'data' 폴더를 생성하고, 그 안에 사용할 이미지들을 미리 저장한다.

이제 코드를 작성한다. PImage 유형의 변수를 생성하여 이미지를 저장한다. 그리고 생성한 변수에 이미지 파일을 로드한다. 이때 정확한 파일명과 jpg, png, gif과 같은 파일 확장자를 써주어야 하는 것에 유의해야 한다. 그런 다음 image()함수를 통해 이미지를 화면에 디스플레이 한다.

● **학습예제 13-1**   image_load

```
PImage img;

void setup() {
  size(640, 425);
  img = loadImage("flower.jpg");    // 변수 img에 이미지 로드
}

void draw() {
  background(255);
  image(img, 0, 0);    // 로드한 이미지를 (0, 0)에서부터 화면에 디스플레이
}
```

13.2 다중 이미지 디스플레이

이번엔 여러 개의 이미지를 화면에 디스플레이 해보자. 디스플레이 할 이미지 개수만큼 변수를 선언해 주어야 한다.

⬤ **학습예제 13-2**   multi_image_load

```
PImage img1;
PImage img2;

void setup(){
  size(600, 300);
  img1= loadImage("flower.jpg");
  img2= loadImage("drop.jpg");

}
void draw(){
  background(255);
  image(img1, 0, 0);
  image(img2, 300, 0); // 두 번째 이미지는 (300, 0)을 기준으로 디스플레이
}
```

13.3 마우스를 따라다니는 이미지

이미지가 마우스를 따라다니게 할 수도 있다. 이미지 디스플레이의 시작점을 마우스의 위치로 설정하고, 이미지를 축소하여 화면 위에 그려보자.

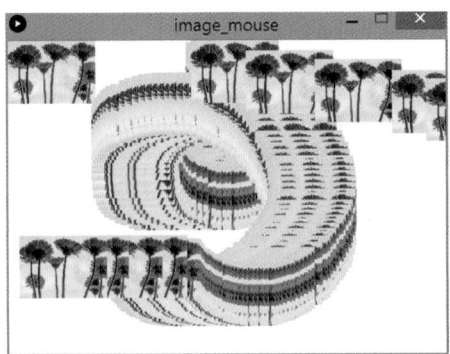

● **학습예제 13-3** image_mouse

```
PImage img1;

void setup(){
  size(600, 420);
  img1= loadImage("flower.jpg");
  background(255);

}
void draw(){
  image(img1, mouseX, mouseY, 120, 84);
}
```

아래의 코드는 배경에 flower.jpg 이미지를 디스플레이 하고, 빛을 표현한
'sun.png' 이미지가 마우스를 따라다니도록 하였다.

● **학습예제 13-4**   image_mouse_2

```
void setup(){
   size(600, 425);
   img1= loadImage("flower.jpg");
   img2= loadImage("sun.png");
}
void draw(){
   background(255);
   image(img1, 0, 0);
   image(img2, mouseX, mouseY); // 이미지가 마우스의 위치를 따라 디스플레이
}
```

13.4 투명도 적용하기

tint()함수를 사용하면 이미지의 투명도를 조절할 수 있다. tint 함수의 매개
변수의 개수에 따라 의미하는 바는 다음과 같다.

tint(gray)
tint(gray, alpha)
tint(value1, value2, value3)
tint(value1, value2, value3, alpha)
tint(color)

● 학습예제 13-5   image_tint

```
PImage img1;
PImage img2;

void setup(){
  size(600, 425);
  img1 = loadImage("flower.jpg");
  img2 = loadImage("ripple.jpg");
}
void draw(){
  background(255);
  image(img1, 0, 0);

  tint(255, 127);
  image(img2, 100, 0);
  //noTint();
}
```

여기에서 중요한 것은 코드 끝부분에 noTint()함수이다. 두 이미지 모두 투명도를 적용하는 것이 의도가 아니라면, 위에 덮혀질 img2에 tint를 적용한 후, noTint()함수를 써줌으로써, img1에 tint가 적용되지 않도록 한다. 앞 페이지의 오른쪽 그림은 noTint()함수를 적용하지 않은 것이다. img1까지 tint가 적용되었음을 확인할 수 있다.

이제 tint에 색상을 적용해보자.

● **학습예제 13-6**   image_tint_color

```
PImage img1;
PImage img2;

void setup(){
  size(600, 425);
  img1 = loadImage("flower.jpg");
  img2 = loadImage("ripple.jpg");
}
void draw(){
  background(255);
  image(img1, 0, 0);

  tint(0, 153, 204, 125);
  image(img2, 100, 0);
  noTint();
}
```

13.5 다양한 필터효과^{Filter}

포토샵 프로그램에서 적용할 수 있는 필터효과를 프로세싱에서 구현해보
자. filter()함수를 사용하면 다양한 필터를 매우 쉽게 적용할 수 있다.

> *filter(kind)*
> *filter(kind, parameter)*

1 흑백(gray)효과

⬤ 학습예제 13-7   image_gray

```
size(600, 425);
PImage img=loadImage("crane.jpg");
image(img, 0, 0);
filter(GRAY);
```

2 반전(invert)효과

⬤ 학습예제 13-8   image_invert

```
size(600, 425);
PImage img=loadImage("crane.jpg");
image(img, 0, 0);
filter(INVERT);
```

3 흐림(blur)효과

학습예제 13-9   image_blur

```
size(600, 425);
PImage img=loadImage("crane.jpg");
image(img, 0, 0);
filter(BLUR, 3);
```

블러의 정도는 수치로
표현한다.

13.6 이미지 합성^{Blend}

blend(sx, sy, sw, sh, dx, dy, dw, dh, mode)
blend(src, sx, sy, sw, sh, dx, dy, dw, dh, mode)

역시 포토샵 프로그램에서 적용할 수 있는 다양한 합성모드를 프로세싱에서도 구현할 수 있다. blend()함수를 이용하면 다양한 합성을 매우 간단하게 구현할 수 있다.

blend()함수는 여러 개의 매개변수를 필요로 하는데, 앞의 4개는 source image(src)의 x,y좌표 및 넓이와 높이, 뒤의 4개는 destination image의 x,y좌표 및 넓이와 높이를 뜻한다. 또한 마지막 인수는 합성모드를 의미한다.

1 더하기(ADD)모드

◯ **학습예제 13-10**　image_ADD

```
size(600, 425);
PImage img1 = loadImage("flower.jpg");
PImage img2 = loadImage("ripple.jpg");
image(img1, 0, 0);
blend(img2, 0, 0, 600, 425, 0, 0, 600, 425, ADD);
```

2 빼기(SUBTRACT)모드

◯ **학습예제 13-11**　image_SUBTRACT

```
size(600, 425);
PImage img1 = loadImage("flower.jpg");
PImage img2 = loadImage("ripple.jpg");
image(img1, 0, 0);
blend(img2, 0, 0, 600, 425, 0, 0, 600, 425, SUBTRACT);
```

③ 밝게 합성하기(LIGHTEST)

◯ 학습예제 13-12   image_LIGHTEST

```
size(600, 425);
PImage img1 = loadImage("flower.jpg");
PImage img2 = loadImage("ripple.jpg");
image(img1, 0, 0);
blend(img2, 0, 0, 600, 425, 0, 0, 600, 425, LIGHTEST);
```

④ 어둡게 합성하기(DARKEST)

◯ 학습예제 13-13   image_DARKEST

```
size(600, 425);
PImage img1 = loadImage("flower.jpg");
PImage img2 = loadImage("ripple.jpg");
image(img1, 0, 0);
blend(img2, 0, 0, 600, 425, 0, 0, 600, 425, DARKEST);
```

13.7 이미지 프로세싱^{Image Processing}

pixels[]
loadPixels()
updatePixels()

우리가 잘 아는 포토샵(Photoshop) 프로그램의 주요 기능 중 하나는 이미지에 다양한 효과를 적용할 수 있다는 것이다. 예를 들어 밝게 하기 (brightness), 흐림 효과(blur), 노이즈(noise), 픽셀화(pixelate)등의 다양한 효과들이 있다. 이러한 효과들은 메뉴 선택 한번이면 바로 적용된다. 그러나 그 이면에는 이미지를 구성하는 각 픽셀에 대한 연산 과정이 내재되어 있다.

앞에서와 같이 filter()함수나 blend()함수를 사용하면 원하는 효과를 매개변수에 명시함으로서 간단하게 효과를 적용할 수 있다. 그러나 이번에는 다른 방식으로 이미지를 구성하는 각 픽셀에 접근하여 픽셀 값에 직접 변화를 줌으로서 다양한 효과를 구현해보고자 한다.

이렇게 기존의 이미지에 대해 컴퓨터를 이용하여 새로운 이미지로 만들거나 목적에 맞게 처리하는 것을 '이미지 프로세싱'이라고 한다.

이미지 픽셀

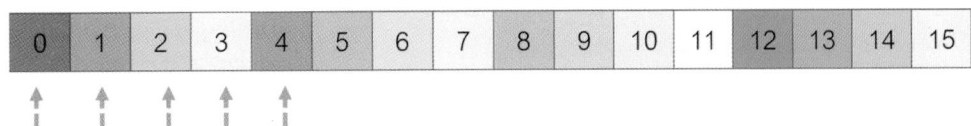

index - pixels[0] pixels[1] pixels[2] pixels[3] pixels[4]·····················

1차원 배열로 저장되는 이미지 픽셀

이미지를 구성하는 각 픽셀에 접근하기 위하여 먼저 프로세싱에서 각 이미지가 저장되는 방식을 살펴보자. 앞 페이지의 그림처럼, 4*4 pixel 이미지는 총 16개의 픽셀로 이루어진 이미지이다.

이러한 이미지가 저장될 때에는 1차원의 배열(array) 구조로 저장된다. 따라서 640*480pixel 크기를 갖는 이미지는 307,200개의 픽셀로 이루어진 1차원 배열로 저장될 것이다.

쉬운 예제들을 통해 살펴보자. 먼저 loadPixels()함수를 통해 이미지 픽셀들을 로드한 후, pixels[]배열에 이미지의 각 픽셀의 색상값을 1차원 배열 형태로 저장한다. 그런다음 각 픽셀에 접근하여 색상값에 변화를 준 후, updatePixels()함수를 이용해서 변화된 픽셀값을 업데이트 한다.

예제 13-14는 이미지의 각 픽셀에 접근하여 R,G,B 색상값을 모두 255로 바꿔줌으로써, 결과적으로 이미지를 흰색으로 변화시키는 코드이다.

원본

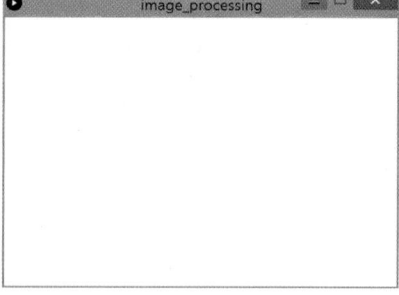

처리 후

● 학습예제 13-14   pixel_access

```
size(600, 425);
PImage img=loadImage("crane.jpg");
image(img, 0, 0);

loadPixels();
for(int i=0; i<pixels.length;i++){    // pixels.length는 1차원 배열로 저장된
                                      // 전체 픽셀개수를 의미한다. 여기에서는
                                      // 600*425 즉 272,000 이다.
 pixels[i]=color(255, 255, 255);      // 각 픽셀에 들러 R, G, B값을 255로
                                      // 바꿔준다.
}
updatePixels();
```

다음 예제는 이미지의 각 픽셀에 접근한 후, R,G,B 중 Blue 값을 255로 바꿔주는 코드이다.

원본

처리 후

학습예제 13-15 pixel_blue_saturation

```
size(600, 425);
PImage img=loadImage("crane.jpg");
image(img, 0, 0);

loadPixels();

for(int i=0; i<width*height;i++){   // 1차원 배열로 저장된 전체 픽셀 개수
                                    // pixels.length 와 동일한 표현
 pixels[i]=color(red(pixels[i]), green(pixels[i]), 255);

}
updatePixels();
```

아래의 예제는 이미지 픽셀의 각 R, G, B값에서 255를 뺀 후, 절대값으로 처리한 값을 다시 각 픽셀에 적용한 코드이다. 실행 결과는 그림과 같이 이미지의 색상이 반전되었고, 이는 앞의 예제 13-8과 동일한 결과임을 확인할 수 있다.

원본   처리 후

학습예제 13-16 pixel_invert

```
size(600, 425);
PImage img=loadImage("crane.jpg");
image(img, 0, 0);

loadPixels();

for(int i=0; i<pixels.length;i++){
  float r=abs((red(pixels[i]))-255); // absolute value의 앞자,
                        // 괄호 안의 값을 절대값화
  float g=abs((green(pixels[i]))-255);
  float b=abs((blue(pixels[i]))-255);
  pixels[i]=color(r, g, b);
  }
updatePixels();
```

연 습 문 제

1. 배경이미지 위에 또 다른 이미지가 마우스를 따라다니도록 코드를 작성해보자.

2. 절대값으로 처리하기 위한 함수는 무엇인지 적어보자.

3. 컴퓨터 메모리에 이미지가 저장되는 방식을 적어보자.

4. 이미지에 컬러 틴트를 적용해보자.

5. 예제 13-14~16을 응용해서 자신만의 이미지 필터를 만들어보자.

CHAPTER

14

비디오의 활용

Abstract

프로세싱에서는 동영상 파일을 재생하거나, 카메라 영상을 실시간으로 입력받아 화면에 디스플레이 할 수 있다. 동영상 파일은 다양한 형태의 매핑 소스로 활용할 수 있으며, 입력 영상을 이용하여 상호작용적인 미디어 작품을 구현할 수 있다.

다양한 멀티미디어를 활용하여 프로세싱을 통한 표현의 범위를 확장하고, 새로운 가능성을 모색해보자.

14.1 비디오 파일의 재생

1 data폴더 생성 및 동영상 파일 저장

프로세싱에서 재생할 수 있는 동영상 파일의 유형은 mov, mp4 등이다. 먼저 스케치가 저장되어 있는 폴더 내부에 'data'폴더를 생성하고, 그 안에 재생할 파일을 저장한다.

data파일 생성(좌) 및 동영상 파일 저장(우)

2 라이브러리 가져오기

프로세싱에서 동영상 파일을 재생하거나, 카메라를 통한 입력 영상을 캡처하기 위해서는 '비디오 라이브러리(video library)'가 필요하다. 비디오 라이브러리 내부에는 동영상 저장 및 재생을 위한 Movie 클래스와, 카메라 영상 캡처를 위한 Capture 클래스가 포함되어 있다.

비디오 라이브러리는 프로세싱에서 기본적으로 제공되는 내부 라이브러리이다. 따라서 스케치(Sketch) → 라이브러리 가져오기(Import Library)에서 Video를 선택하면 스케치 창에 자동으로 입력되고, 아래와 같은 코드를 직접 입력을 해도 된다.(*라이브러리에 대한 내용은 이 장의 뒷부분 심화학습에 자세히 설명되어있다.)

```
import processing.video.*;
```

동영상 재생을 위한 코드를 살펴보자.

```
Movie    // 동영상을 저장하고 재생하기 위한 클래스
play()   // 동영상 재생
loop()   // 동영상 반복재생
image(img, Xpos, Ypos, width, height)    // 화면에 디스플레이
```

아래의 코드와 같이 맨 먼저 비디오 라이브러리를 불러온 후, Movie 클래스의 객체 movie를 선언한다. 그런 다음 setup()함수에서 Movie의 객체를 초기화 한 후, 재생 또는 반복 재생 코드를 작성한다.

⬤ **학습예제 14-1** video_play

```
import processing.video.*;                      // 비디오 라이브러리 불러오기
Movie movie;                                    // Movie 객체 선언
void setup() {
  size(720, 480);
  background(0);
  movie = new Movie(this, "test.mp4");          // Movie 객체 초기화
  movie.play();                                 // 비디오 재생(한번만)
  //movie, loop();                              // 비디오 반복재생
}
void movieEvent(Movie m) {
  m.read();                                     // 동영상 프레임 읽어오기
}
void draw() {
  image(movie, 0, 0, width, height);            // 화면에 디스플레이
}
```

만약 동영상을 멈추고자 한다면 예제 14-1의 코드의 하단에 아래와 같은 함수를 작성한다. 코드에 의해 마우스를 누르면 재생이 멈추게 된다.

```
void mousePressed() {
  movie.stop();
}
```

그 외에 동영상 재생과 관련된 함수는 다음과 같다.

```
pause()          // 일시정지
jump(where)      // 영상 내에 특정 지점으로 점프
available()      // 새로운 영상프레임 읽기
speed(rate)      // 비디오 재생 속도
```

14.2 비디오 매핑 Video Mapping

이번에는 동영상을 매핑 소스로 활용해보자. 매핑이란 물체의 표면에 색이
나 특정 패턴 등을 입혀주는 것을 말한다. 이를 위해서는 추가적으로 '그래
픽 라이브러리(Graphic Library)'가 필요하다.

```
import processing.opengl.*;
```

라이브러리를 추가하기 위해서는 스케치(Sketch) → 라이브러리 가져오기
(Import Library) → 라이브러리 추가하기(Add Library)를 클릭한 후, 창의
오른쪽 풀다운 메뉴에서 video&vision을 선택한다. 그리고 라이브러리 리
스트에서 GL Video를 선택하여 다운 받는다. 검색창에 video를 입력하여
검색해도 된다.

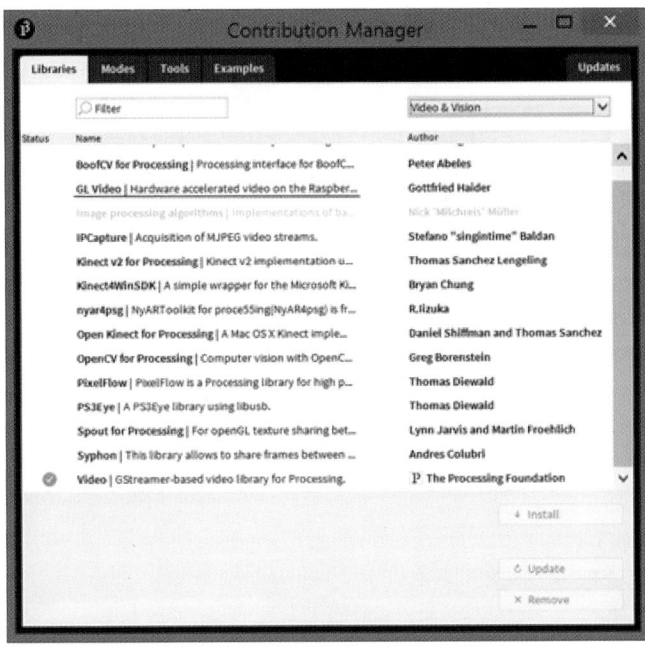

매핑의 원리는 vertex()함수를 이용하여 형태를 그리고 그 안에 영상이 매
핑되도록 하는 것이다.

vertex()함수의 매개변수 a와 b는 화면에서 매핑이 될 x, y좌표를 뜻한다.
또한 a'와 b'는 동영상에서 매핑할 지점을 의미한다.

이러한 방식으로 화면의 좌표와 동영상의 좌표가 각각 대응되도록 한다.

vertex(a, b, a', b');

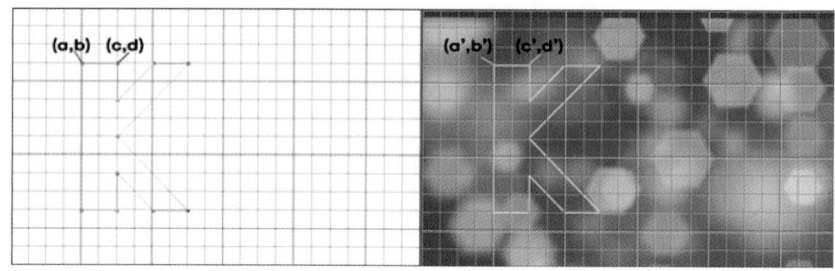

아래의 예제는 vertex()함수를 이용하여 알파벳 K 와 N의 형태를 그리고,
여기에 두 개의 동영상을 각각 매핑시키는 코드이다.

● **학습예제 14-2** video_mapping

```
import processing.opengl.*;      // 그래픽 라이브러리
import processing.video.*;       // 비디오 라이브러리
Movie myMovie1;                  // Movie 객체 선언1
Movie myMovie2;                  // Movie 객체 선언2


void setup() {
size(350, 250, OPENGL);
```

```
background(255);

myMovie1 = new Movie(this, "cubist.mov");     // 객체 초기화1
myMovie1.loop();
myMovie2 = new Movie(this, "test.mp4");        // 객체 초기화2
myMovie2.loop();
}
void draw() {
noStroke();

beginShape();                  // 형태를 그리기 시작
texture(myMovie1);             // 매핑소스는 myMovie1에 해당하는 동영상
vertex(40, 60, 40, 60);
vertex(80, 60, 80, 60);
vertex(80, 90, 80, 90);
vertex(120, 60, 120, 60);
vertex(160, 60, 160, 60);
vertex(80, 120, 80, 120);
vertex(160, 180, 160, 180);
vertex(120, 180, 120, 180);
vertex(80, 150, 80, 150);
vertex(80, 180, 80, 180);
vertex(40, 180, 40, 180);
endShape();                    // 그리기 종료

beginShape();                  // 형태 그리기 시작
texture(myMovie2);             // 매핑소스는 myMovie2에 해당하는 동영상
vertex(170, 60, 170, 60);
vertex(210, 60, 190, 60);
vertex(250, 120, 250, 120);
vertex(250, 60, 250, 60);
vertex(290, 60, 290, 60);
vertex(290, 180, 290, 180);
vertex(250, 180, 250, 180);
vertex(210, 120, 210, 120);
vertex(210, 180, 210, 180);
vertex(170, 180, 170, 180);
endShape();                    // 그리기 종료
}

void movieEvent(Movie myMovie) {   // 프레임을 계속 읽어온다.
  myMovie.read();
}
```

매핑의 결과, 알파벳 형태 안에 각각의 동영상이 매핑되어 재생된다. 이렇게 이미지나 동영상을 매핑할 경우, 화면에 매핑이 될 위치와 동영상에서 매핑을 할 위치가 다른 것은 상관이 없으나, 비율이나 형태가 다르면, 영상이 왜곡되어 보일 수 있으니 이 점을 유의하자.

다음 예제는 vertex()함수로 그린 형태에 동영상을 매핑하고, 마우스의 움직임에 따라 매핑한 영상이 회전한다.

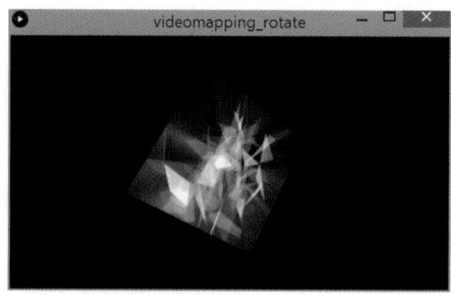

● 응용예제 14-3   video_mapping_rotate

```
// open graphic library
import processing.opengl.*;
import processing.video.*;
Movie myMovie1;

void setup() {
size(640, 360, OPENGL);
background(255);

myMovie1 = new Movie(this, "cubist.mov");
myMovie1.loop();

}

void draw() {
  background(0);
  translate(width / 2, height / 2);        // 회전을 위한 중심이동
  rotateY(map(mouseX, 0, width, -PI, PI)); // Y에 대한 회전값은 마우스
                                           // X좌표값의 범위를 -PI~PI로 매핑
  rotateZ(PI/6);                           // Z축으로의 회전값
  beginShape();
  texture(myMovie1);       // myMovie 동영상을 매핑 소스로 사용

  vertex(-100, -100, 0, 0, 0);
```

```
  vertex(100, -100, 0, myMovie1.width, 0);
  vertex(100, 100, 0,  myMovie1.width, myMovie1.height);
  vertex(-100, 100, 0, 0, myMovie1.height);
  endShape();
}
void movieEvent(Movie myMovie) {
  myMovie.read();
}
```

14.3 실시간 카메라영상 가져오기

Capture   // 카메라 영상의 프레임을 캡처하기 위한 클래스
read()   // 영상프레임을 읽는다.
start()   // 캡처를 시작한다.
stop()   // 캡처를 멈춘다.
available()   // 새로운 영상프레임을 읽는다.

프로세싱에서는 노트북의 웹캠, USB 카메라, IEEE 1394(Fire Wire 단자), 컴퓨터에 연결된 컴포지트 또는 S-비디오에 연결된 카메라의 영상을 입력 받아 가져올 수 있다. 이를 위해서는 앞의 동영상 재생의 경우와 마찬가지로 video 라이브러리가 필요하다.

예제를 통해서 카메라를 통한 입력영상을 화면에 디스플레이 하는 방법을 살펴보자.

먼저 Capture클래스에 대한 객체 video를 선언한다. 그런 다음 setup()함수에서 객체를 초기화 하고, 캡처 시작 코드를 작성한다.

⬤ **학습예제 14-4**   video_capture

```
import processing.video.*;
Capture video;                        // Capture 객체 변수 선언

void setup() {
  size(640, 480);
  video = new Capture(this, 640, 480);     // Capture 객체 변수 초기화
  video.start();                           // 캡처 시작
}
void draw() {
  image(video, 0, 0);                  // 영상을 화면에 디스플레이 한다.
}
void captureEvent(Capture cam) {   // 영상의 프레임을 읽어온다.
  cam.read();
}
```

⬡ 최소 해상도

'The requester resolution 160*120 is not supported
by the selected capture device'

만약 위와 같은 에러 메시지가 출력된다면, 카메라의 해상도가 너무 낮게
설정되어, 현재 연결된 카메라가 지원하지 않는 해상도라는 것을 뜻한다.
따라서 카메라를 사용하기 전에 사용하고자 하는 카메라가 지원하는 최저,
최고 해상도를 확인하는 것이 필요하다.

14.4 실시간 비디오 컨트롤

다음 예제는 카메라 영상을 캡처하여 화면에 디스플레이 할 때, 마우스 X 의 위치를 영상의 회전각도에 반영한 코드이다.

● 학습예제 14-5   video_rotate

```
import processing.video.*;
Capture video;

void setup() {
  size(640, 480);
  video = new Capture(this, 640, 480);
  video.start();
}

void captureEvent(Capture video) {
  video.read();
}

void draw() {
  background(255);
  translate(width/2, height/2);
  imageMode(CENTER);
  rotate(mouseX*0.1);
  image(video, 0, 0, 480, 320);
}
```

아래의 예제는 카메라 영상캡처를 응용하여, 캡처된 영상을 화면의 4분의 1크기로 디스플레이 하고, 각 영상에 마우스 x와 y의 위치값에 따라 서로 다른 tint 값을 적용한 코드이다.

● 응용예제 14-6   video_tint

```
import processing.video.*;

Capture video;

void setup() {
  size(640, 480);
  video = new Capture(this, 640, 480);
  video.start();
}

void captureEvent(Capture video) {
  video.read();
}

void draw() {
  background(255);

  tint(mouseX, 255, 0);
  image(video, 0, 0, 320, 240);              // 화면 왼쪽 상단

  tint(255, mouseY, 255);
  image(video, width/2, 0, 320, 240);        // 화면 오른쪽 상단

  tint(mouseX, mouseY, 255);
  image(video, 0, height/2, 320, 240);       // 화면 왼쪽 하단

  tint(255, mouseX, mouseY);
  image(video, width/2, height/2, 320, 240);// 화면 오른쪽 하단
}
```

◈ 밝은 픽셀 추적(Brightest Tracking)

'추적(Tracking)'은 비디오 영상에서 특정 대상의 위치변화를 추적하는 것을 말한다. 아래의 예제는 카메라 입력 영상에서 가장 밝은 픽셀을 찾는다.

⬤ 학습예제 14-7   brightest_tracking

```
import processing.video.*;
Capture cam;

void setup() {
  size(640, 480);
  cam = new Capture(this, 640, 480);
  cam.start();
  noStroke();
  smooth();

}

void draw() {
  if (cam.available()) {
    cam.read();

    image(cam, 0, 0, width, height); // 카메라 입력영상을 화면에 디스플레이
    int brightestX = 0;              // 영상에서 가장 밝은 픽셀의 X좌표
    int brightestY = 0;              // 영상에서 가장 밝은 픽셀의 Y좌표
    float brightestValue = 0;        // 영상에서 가장 밝은 픽셀의 밝기값
    cam.loadPixels();
    int index = 0;                   // 픽셀의 인덱스
    // 영상의 전체 픽셀에 대하여 가장 밝은 픽셀 찾기
```

```
    for (int y = 0; y < cam.height; y++) {
      for (int x = 0; x < cam.width; x++) {

        int pixelValue = cam.pixels[index]; // 각 픽셀에 저장된 색 가져오기
        float pixelBrightness = brightness(pixelValue); // 픽셀의 밝기 결정

    //만약 밝기값이 이전 픽셀들 보다 밝으면 해당 픽셀의 밝기와 위치를 저장
        if (pixelBrightness > brightestValue) {
          brightestValue = pixelBrightness;
          brightestY = y;
          brightestX = x;
        }
        index++;   // 픽셀 인덱스를 증가시키며 모든 픽셀에 대해 밝기 값 검사
      }
    }

    // 가장 밝은 픽셀의 위치에 원 그리기
    noFill();
    strokeWeight(5);
    stroke(255, 0, 0);
    ellipse(brightestX, brightestY, 50, 50);

  }
}
```

* 위의 코드는 processing>example>Library>Video>Capture에 있는 코드를 참고하
였다.

※ 색상 추적(Color Tracking)

위와 같이 가장 밝은 색을 추적할 수 있다면, 특정한 색상을 추적할 수도
있을 것이다.

아래의 예제는 마우스로 화면의 특정 부분을 마우스로 클릭하여 추적할 색
상을 지정하고, 추적 색상과 가장 가까운 색상을 가진 픽셀을 찾아 해당 위
치에 원을 그린다. 여기에서 중요한 것은 변수 worldRecord 인데, 이는 추
적 색상과 현재 픽셀의 색상 차(color difference)를 수치로 나타낸 값이다.
프로그램에서는 추적을 시작하기 전에, 이 worldRecord 값을 여유 있게 지
정하여, 이후 추적에서 그 기록이 쉽게 깨지도록 하였다.

⬤ 학습예제 14-8   color_tracking

```
import processing.video.*;

Capture cam;
color trackColor; // 색상 추적을 위한 변수

void setup() {
  size(640, 480);
  cam = new Capture(this, width, height);
  cam.start();
  trackColor = color(255, 0, 0);   // 최초 추적 색상
  smooth();
}

void draw() {
  if (cam.available()) {
    cam.read();
    image(cam, 0, 0, width, height);
    float worldRecord=500; // 추적 색상과의 색상 차

    int closestX=0; // 추적 색상과 가장 가까운 색상의 위치
    int closestY=0;

    for (int x=0; x<cam.width; x++) {      //전체 픽셀에 대해 검사
      for (int y=0; y<cam.height; y++) {
        int loc = x+y*cam.width;

        color currentColor              // 현재 색상
          =cam.pixels[loc];
        float r1=red(currentColor);
        float g1=green(currentColor);
        float b1=blue(currentColor);
```

색상의 차이는 색 공간에서의 거리를 의미하는 것으로,
거리를 구하는 방법은 유클리드 거리를 사용한다.

$$distance = \sqrt{(R_2 - R_1)^2 + (G_2 - G_1)^2 + (B_2 - B_1)^2}$$

```
            float r2=red(trackColor);
            float g2=green(trackColor);
            float b2=blue(trackColor);


            // dist ()함수를 사용하여 현재 색상과 추적중인 색상을 비교
            // 색상을 비교하기 위해 유클리드 거리(euclidean distance)를 사용
            float d= dist(r1, g1, b1, r2, g2, b2);


  if (d<worldRecord) {        // 색상 간의 거리(색상 차)가 w.R 보다 작다면
                              // 즉 현재 w.R보다 색상 차가 적다면


            worldRecord=d;    // d 값을 w.R에 대입(새로운 w.R 값으로 갱신)
            closestX=x;       // 그런 다음 해당 픽셀 값의 위치 저장
            closestY=y;
        }
      }
    }

    if (worldRecord<10) { // 만약 W.R가 10보다 작다면(매우 유사하다면)
                          // 10은 임의의 값, 바꿀 수 있음
      fill(trackColor);   // 가장 유사한 색상값을 같은 픽셀의 위치에
                          // 추적색상과 동일한 색상의 원을 그려준다.

      stroke(255);
      ellipse(closestX, closestY, 50, 50);
    }
  }
}

void mousePressed() {      // 화면의 특정 부분에 마우스를 누르면
  int loc=mouseX+mouseY*cam.width;
  trackColor = cam.pixels[loc];     // 추적 색상이 trackColor에 저장됨
}
```

14.5 OpenCV 라이브러리의 활용

OpenCV는 컴퓨터 비전(Computer Vision)에 관련된 프로그래밍을 할 수 있도록 도와주는 오픈 라이브러리다. 컴퓨터 비전이라는 단어가 매우 생소하겠지만, 실제로 컴퓨터 비전기술은 우리의 일상생활 속에 다양하게 활용되고 있다.

예를 들어 얼굴, 홍채, 지문과 같은 생체인식, 그리고 자동차의 번호판 인식 등에 사용된다. 또한 최근 핫 이슈인 자율주행 자동차, 증강 현실 및 산업현장에서 부품의 불량유무 검사 등 활용 분야가 매우 광범위하다. 즉 컴퓨터 비전이란 인간의 시각적 능력을 기계 혹은 컴퓨터에게 부여하는 것이라고 할 수 있다.

프로세싱에서도 OpenCV 라이브러리를 사용할 수 있다. 라이브러리를 다운받은 후, 이를 이용해서 얼굴을 검출해보자.

OpenCV 라이브러리 다운받기

라이브러리를 다운받으려면 스케치(Sketch) → 라이브러리 불러오기 (Import Library) → 라이브러리 추가(Add Library)를 선택한 후, Contribution Manager 창의 오른쪽 상단 풀다운 메뉴에서 Video&Vision을 선택한다. 그런 다음 'OpenCV for Processing'을 다운받는다. 또는 검색창에 OpenCV를 직접 입력해도 된다.

▒ 얼굴 검출(Face Detection)

최근 디지털 카메라나 모바일기기 등에서 '얼굴 인식(Face Recognition)'은 필수적인 기능이 되었다. 누구의 얼굴인지 인식할 뿐만 아니라, 표정까지도 인식한다.

이러한 얼굴 인식은 얼굴 검출 단계를 전제로 한다. 얼굴 검출은 입력 영상에서 사람의 얼굴을 찾아 그 위치를 알려주는 기술을 말한다.

얼굴을 검출하는 방법은 매우 다양하며, 그 중 대표적인 방법으로는 얼굴에서 눈, 눈썹, 코, 입 등이 주변보다 어두운 픽셀 값을 보이고, 이마와 뺨은 주변과 비슷한 픽셀 값을 띄는 영역별 얼굴의 특성을 이용한다.

아래의 예제는 카메라를 통해 입력된 영상에서 얼굴을 검출하는 코드이다.

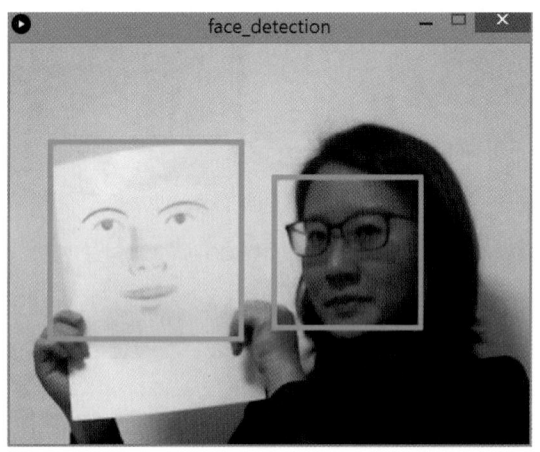

◯ **학습예제 14-9** face_detection

```
import processing.video.*;   // 비디오 라이브러리
import gab.opencv.*;         // OpenCV 라이브러리
import java.awt.*;           // 사용자 인터페이스를 작성하고 그래픽 및
                             // 이미지를 그리기 위한 클래스를 포함하는
                             // 자바 라이브러리


Capture cam;                 // Capture 객체 선언
OpenCV opencv;               // OpenCV 라이브러리 객체선언
Rectangle[] faces;           // 검출된 얼굴들의 배열
```

```
void setup() {
  size(640, 480);
  cam = new Capture(this, 640, 480);
  opencv = new OpenCV(this, 640, 480);
    // 얼굴을 감지하는 계단식 분류기에 대한 설명자 파일을 메모리에 로드
  opencv.loadCascade(OpenCV.CASCADE_FRONTALFACE);
  cam.start();
}
void draw() {
  scale(2);
  opencv.loadImage(cam);

  image(cam, 0, 0);

  noFill();
  stroke(0, 255, 0);
  strokeWeight(3);
  faces = opencv.detect();
  println(faces.length);

  for (int i = 0; i < faces.length; i++) {
    rect(faces[i].x, faces[i].y, faces[i].width, faces[i].height);
  }
}

void captureEvent(Capture c) {
  c.read();
}
```

* 위의 코드는 processing>example>Contribute Library>OpenCV for processing 을 참고하였다.

얼굴 외에도 아래의 코드를 이용하여 눈과 코를 검출해 보자.

```
opencv.loadCascade(OpenCV.CASCADE_EYE);
opencv.loadCascade(OpenCV.CASCADE_NOSE);
```

앞에서 배운 얼굴 검출 기술을 재미있게 활용해보자.

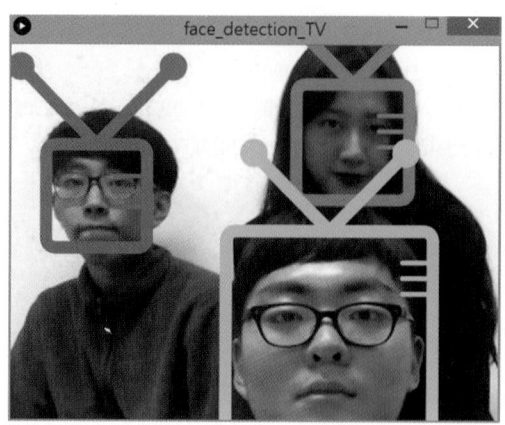

학습예제 14-10   face_detection_TV

```
import processing.video.*;
import gab.opencv.*;
import java.awt.*;

graphics and images.

Capture cam;
OpenCV opencv;
Rectangle[] faces;

void setup() {
  size(640, 480);
  cam = new Capture(this, 640, 480);
  opencv = new OpenCV(this, 640, 480);

  opencv.loadCascade(OpenCV.CASCADE_FRONTALFACE);
  cam.start();
}

void draw() {
  scale(2);
  opencv.loadImage(cam);
  image(cam, 0, 0 );
  noFill();
 faces = opencv.detect();
 println(faces.length);
```

```
   drawTV();
}
void captureEvent(Capture c) {
  c.read();
}
void drawTV(){

for (int i = 0; i < faces.length; i++) {
    stroke(random(255), random(255), random(255));
    strokeWeight(10);
    rect(faces[i].x, faces[i].y, faces[i].width, faces[i].height,7);
    line(faces[i].x+faces[i].width/2, faces[i].y, faces[i].x+faces[i].
                width/2-80, faces[i].y-80);
    line(faces[i].x+faces[i].width/2, faces[i].y, faces[i].x+faces[i].
                width/2+80, faces[i].y-80);
    ellipse(faces[i].x+faces[i].width/2-80, faces[i].y-80,10,10);
    ellipse(faces[i].x+faces[i].width/2+80, faces[i].y-80,10,10);
    strokeWeight(5);

for (int i = 0; i < faces.length; i++) {
    stroke(random(255), random(255), random(255));
    strokeWeight(8);
    // TV 상자
    rect(faces[i].x, faces[i].y, faces[i].width, faces[i].height,7);
    // 안테나
    line(faces[i].x+faces[i].width/2, faces[i].y, faces[i].x+faces[i].
width/2-50, faces[i].y-50);
    line(faces[i].x+faces[i].width/2, faces[i].y, faces[i].x+faces[i].
width/2+50, faces[i].y-50);
    // 안테나 끝 원
    ellipse(faces[i].x+faces[i].width/2-50, faces[i].y-50, 10, 10);
    ellipse(faces[i].x+faces[i].width/2+50, faces[i].y-50, 10, 10);

    // TV 라인
    strokeWeight(3);
    line(faces[i].x+faces[i].width-faces[i].width/8,faces[i].y+faces[i].
height/8, faces[i].x+faces[i].width,faces[i].y+faces[i].height/8);
    line(faces[i].x+faces[i].width-faces[i].width/8,faces[i].y+faces[i].
height/6, faces[i].x+faces[i].width,faces[i].y+faces[i].height/6);
    line(faces[i].x+faces[i].width-faces[i].width/8,faces[i].y+faces[i].
height/5, faces[i].x+faces[i].width,faces[i].y+faces[i].height/5);

  }
```

○ 라이브러리(Library)

우리는 앞서 동영상 재생, 카메라 입력영상 불러오기 등의 비디오 관련 작업을 위해서 비디오 라이브러리를 사용하였다. 라이브러리란 관련된 함수와 변수들을 모아서 저장해 놓은 것으로, 말 그대로 도서관에서 필요한 책을 꺼내보듯이 필요한 것을 찾아 사용하면 된다.

라이브러리는 프로세싱에서 기본적으로 제공하는 내부 라이브러리가 있고, 개발자들이 만들어 배포하는 'Contributed Library'가 있다.

내부 라이브러리는 불러와서 사용하면 되고, 그 외의 라이브러리는 별도로 추가 설치할 수 있다.

○ 주요 내부 라이브러리

- PDF export : 프로세싱 실행결과를 고해상도의 PDF파일로 내보내기
- Serial: 직렬 통신을 통해 프로세싱과 외부 하드웨어간에 데이터를 전송
- Video: 동영상 파일을 재생하고 카메라에서 영상 읽어오는 기능
- Sound: 오디오 파일 재생, 오디오 입력, 사운드 합성 및 효과

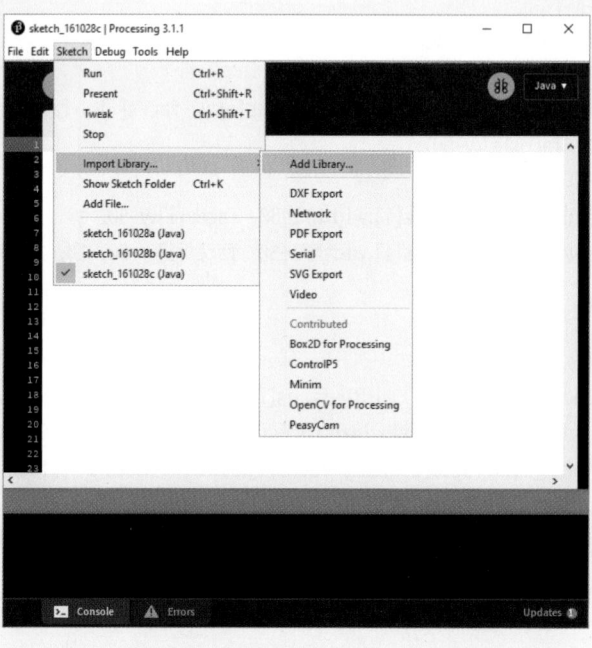

자주 사용하는 외부 라이브러리

- Minim: 사운드 재생, 녹음, 분석 및 사운드 합성

- OpenCV for Processing: openCV를 이용한 컴퓨터 비전

- ControlP5: 사용자 정의 사용자 인터페이스를 구축

- GL Video: 텍스처를 사용하여 하드웨어 가속 비디오 재생

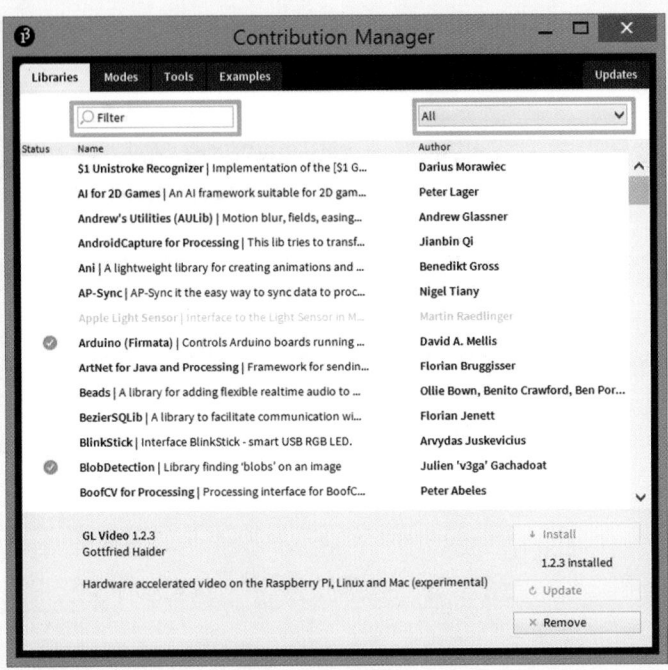

라이브러리 추가

스케치 (Sketch) 메뉴에서 라이브러리 가져오기(Import Library)를 선택한 다음 라이브러리 추가(Add library)를 선택한다. Contribution Manager에서 필요한 라이브러리를 왼쪽 검색 창에 직접 입력하여 검색하거나, 오른쪽에 풀다운 메뉴에서 키워드를 선택한 후 해당 라이브러리를 설치한다.

252   **PART 1**   프로세싱 기초

연 습 문 제

1. 컴퓨터 비전에 관련된 프로그래밍을 하기 위해 사용되는 라이브러리는 무엇인
   지 적어보자.

2. 카메라의 얼굴 인식을 활용한 앱과 같이, 입력된 영상에서 얼굴 또는 코, 입을
   검출하고, 위치에 특정한 그림이 그려지도록 코드를 작성해 보자.

CHAPTER

15

사운드 재생과 시각화

Abstract

이미지 못지않게 사운드는 매우 중요한 요소이다. 프로세싱에서는 다양한 형태의 오디오 파일을 재생하고, 분석하며, 이를 시각적으로 표현할 수 있다. 이를 위해서는 사운드와 관련된 라이브러리가 필요하다. 사운드 관련 라이브러리에는 minim, sound 등이 있으며, 그 중에서도 minim 라이브러리를 중심으로 살펴보도록 하겠다.

15.1 사운드 파일의 재생

프로세싱에서 재생할 수 있는 사운드 파일의 유형은 mp3, wav 및 AIFF, AU, SND 이다. Minim 라이브러리를 설치하는 방법은 앞 장에서 설명한 것처럼 스케치 창 상단에 있는 메뉴 옵션 → 스케치(Sketch) → 라이브러리 가져오기(Import Library) → 라이브러리 추가(Add Library) 에 들어가 검색 창에 sound를 입력한다. 그런 다음 사운드 관련 라이브러리 리스트 중 minim을 선택하여 다운로드 받는다.

```
import processing.minim.*;
```

사운드를 재생하기 위해서는 동영상 파일을 재생하는 경우와 같이 스케치 파일이 저장된 폴더의 하위에 'data' 폴더를 만들고, 그 안에 재생하고자 하는 파일을 저장해야 한다.

이제 사운드 파일을 재생해보자. 사운드 라이브러리를 불러온 후, Minim 라이브러리를 사용하기 위해 변수 min을 생성한다.

⁂ 사운드 재생하기

● 학습예제 15-1   sound_play

```
import ddf.minim.*;          // 라이브러리 불러오기
Minim min;                   // 변수 min선언
AudioPlayer player;          // AudioPlayer객체 선언
void setup(){
  min=new Minim(this);       // 변수 초기화
  player =min.loadFile("sample.wav");   // 파일 로드
  player.loop();                        // 반복 재생
}
void draw(){
}
```

15.2 사운드 시각화

사운드를 파형으로 나타내보자.

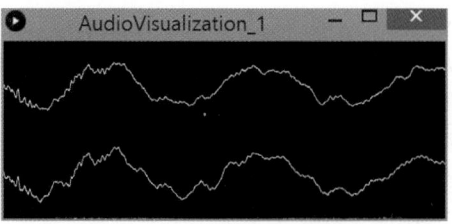

● **학습예제 15-2**   sound_visualization_1

```
import ddf.minim.*;
Minim minim;
AudioPlayer player;

void setup(){
  size(512, 200, P2D);
  minim = new Minim(this);
  player = minim.loadFile("Fitness.wav", 2048);
}

void draw(){
  background(0);
  stroke(255);

  for(int i = 0; i < player.bufferSize() - 1; i++) {
    float x1 = map( i, 0, player.bufferSize(), 0, width );
    float x2 = map( i+1, 0, player.bufferSize(), 0, width );
    line( x1, 50 + player.left.get(i)*50, x2, 50 + player.left.get(i+1)*50 );
    line( x1, 150 + player.right.get(i)*50, x2, 150 + player.right.
        get(i+1)*50 );
  }

}

  void keyPressed() {
    if ( player.isPlaying() ){
      player.pause();
    }
```

✏ map()함수는 특정범위의 값을 다른 범위의 값으로 옮겨준다. 즉 예제 코드에서는 x좌표의 값을 0에서부터 버퍼사이즈까지의 범위에서 0에서부터 width 값의 범위로 매핑한다.

```
    else{
      player.loop();
    }
  }
```

위의 코드에서 사운드를 시각화 해주는 부분은 for구문 안의 내용이다. 버퍼 사이즈란 컴퓨터의 CPU(중앙 처리장치)가 한 번에 처리하는 정보의 양을 말한다. 예를 들어 256 samples의 경우라면 오디오 샘플 정보가 256개에 도달할 때까지 기다렸다가, 정보가 다 채워지면 처리하는 것을 뜻한다.

따라서 버퍼 사이즈 단위로 오디오 정보를 가져와 이를 시각적으로 나타낸다.

위의 코드에서 left.get() 및 right.get ()에 의해 반환되는 값은 −1과 1 사이이므로, 값을 크게 조정하기 위해 map()함수를 사용하거나, 큰 수를 곱해준다.

사운드를 파형이 아닌 다른 도형으로 시각화해보자. 예제 15−2의 코드에서 for구문을 아래와 같이 바꾸어 실행해본다.

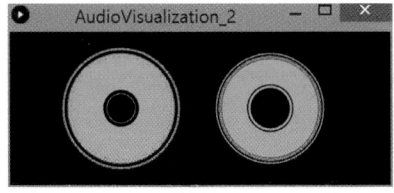
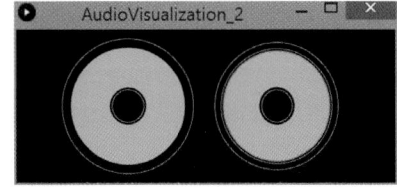

```
noFill();
stroke(random(255), random(255), random(255));
for(int i = 0; i < player.bufferSize() - 1; i++){
    ellipse(150, 100, 100+player.left.get(i)*80, 100+player.left.get(i)*80);
    ellipse(350, 100, 100+player.right.get(i)*80, 100+player.right.get(i)*80);
}
```

16

그래픽 유저 인터페이스(GUI)

A b s t r a c t

GUI란 'Graphic User Interface'의 약자로, 그래픽 사용자 인터페이스라고 한다. 이는 화면 위에 어떠한 기능과 용도를 지닌 그래픽 요소들을 조작하며 작업할 수 있는 환경을 말한다.

프로세싱에서는 이러한 GUI를 사용자가 직접 구현할 수 있도록 도와주는 'controlP5' 라이브러리가 있다. 이 controlP5 라이브러리 내부의 다양한 함수를 통해서 버튼(Button), 슬라이더(Slider), 토글(Toggle), 텍스트 필드(Text Field), 라디오 버튼(Radio Button) 그리고 체크박스(Checkbox) 등과 같이 다양한 그래픽 인터페이스 요소들을 쉽게 만들 수 있다. 이러한 요소들은 대화형 프로그램 인터페이스를 만드는데 유용하게 작용한다.

이번 장에서는 버튼, 토글, 슬라이더 등 대표적인 인터페이스 요소들을 생성하는 방법과 활용에 대해 살펴보고자 한다.

16.1 버튼^{Button}

import controlP5.*;   // GUI구현을 위한 라이브러리
addButton("button name", setValue(float), buttonposX, buttonposY,
width, height)

그래픽 인터페이스 요소들을 만들기 위해서는 controlP5 라이브러리가 필
요하다. controlP5를 추가로 설치하기 위해, 메뉴의 스케치(Sketch) → 라
이브러리(Import library) → 라이브러리 추가하기(Add library)를 선택한
후, 창의 오른쪽 상단 풀다운 메뉴에서 GUI를 선택하면 ControlP5를 추가
할 수 있다.

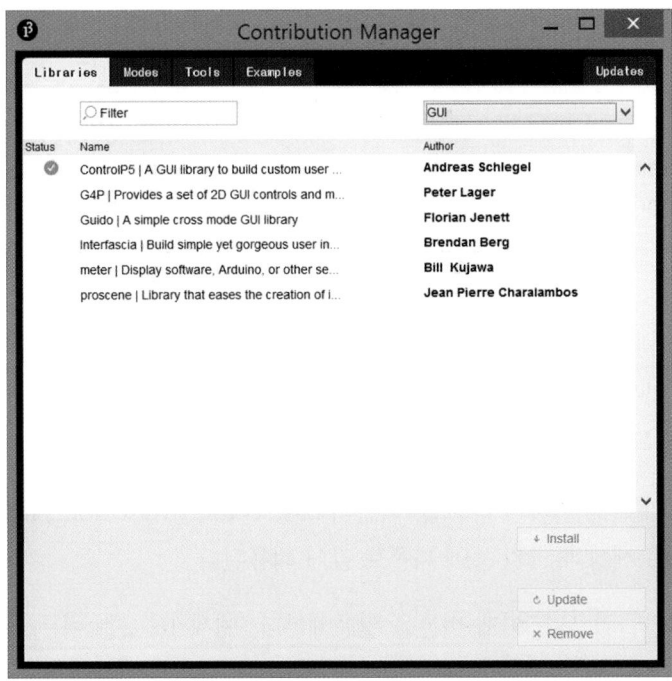

먼저 기본 버튼을 생성하는 방법을 알아보자.

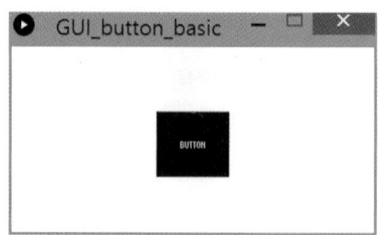

◯ **학습예제 16-1**   Button_basic

```
import controlP5.*;        // 라이브러리 불러오기
ControlP5 cp5;             // ControlP5 객체 선언

void setup() {
   size(400, 200);
   cp5 = new ControlP5(this);                  // 객체 초기화
   cp5.addButton("button", 1, 160, 70, 80, 70); // 'button'이라는 이름의
}                                                버튼 추가
void draw() {
   background(255);
   }
```

✎ 버튼 이름을 소문자로 입력해도 대문자로 생성된다.

코드를 실행하면, 진한 파랑색 바탕에 흰 텍스트의 버튼이 생성된다. 또한 버튼에 마우스를 올리면 파랑색, 버튼을 누르면 하늘색으로 버튼의 색상이 바뀐다.

즉 별도의 설정을 하지 않으면, 버튼의 base color, over color, press color 및 텍스트 색상과 크기 등에 디폴트 값이 적용된다.

버튼을 만들었으니, 이제 버튼을 활용해본다. 예제 16-2는 버튼을 누르면 data폴더에 미리 저장해 놓은 음악이 재생되는 코드이다. 글자 크기도 변경해 본다.

● **학습예제 16-2** Button_2

```
import controlP5.*;
import ddf.minim.*;          // 사운드 재생을 위한 minim 라이브러리


ControlP5 controlP5;
Minim minim;                 // Minim 객체 선언
AudioPlayer groove;

void setup() {

  size(400, 200);

  minim = new Minim(this);         // 객체 초기화
  groove = minim.loadFile("Fitness.wav");

  controlP5 = new ControlP5(this); // 객체 초기화
  controlP5.addButton("Audio")     // 'Audio'라는 이름의 버튼 생성
          .setPosition(150, 70)    // 버튼 속성 설정
          .setSize(100, 50)
          .setFont(createFont("TTSumusaleuibomB-48v", 20));
                                   // 글자 크기 변경
}

void draw() {
  background(194, 209, 232);
}

// GUI 이벤트가 호출될 때 실행
public void controlEvent(ControlEvent theEvent) {

 String name = theEvent.getController().getName();
  if (name.equals("Audio"))
    if (groove.isPlaying()) {      // 음악이 재생되고 있는 상태라면
      groove.pause();              // 버튼을 눌렀을 때 음악 일시정지
    } else {                       // 음악이 일시정지 상태라면
    groove.play();                 // 음악 재생
  }
}
```

🖊 버튼 속성을 예제 16-1처럼 한 줄로 써 도 된다.

16.2 토글^{toggle}

> *addToggle("toggle name", toggleposX, toggleposY, toggle width, toggle height)*

toggle은 스위치의 on/off 와 같이 두 상태 중 하나를 선택하는 방식의 버튼으로서, 한번 누르면 on, 다시 누르면 off 상태라 할 수 있다. 아래의 예제는 toggle 버튼을 이용해서 원의 색상을 바꾸는 코드이다.

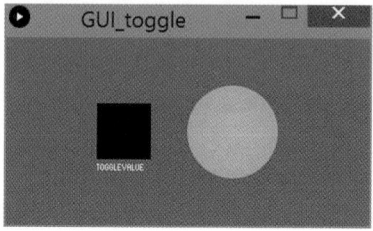

⬤ 학습예제 16-3   toggle

```
import controlP5.*;
ControlP5 cp5;

boolean toggleValue = false; // 참, 거짓을 판별하는 boolean 자료형 변수

void setup() {
  size(400, 200);
  noStroke();

  cp5 = new ControlP5(this);
  cp5.addToggle("toggleValue")
     .setPosition(100, 70)
     .setSize(60, 60)
     ;
}

void draw() {
  background(125);
  if(toggleValue==true) { // 토글 버튼을 한번 누르면
    fill(159, 219, 30);
```

```
  } else {
    fill(255, 197, 3);      // 토글 버튼을 한 번 더 누르면
  }

  ellipse(250, 100, 100, 100);
  println(toggleValue);

}
```

16.3 슬라이더^{slider}

addSlider("slider name", minimum, maximum, default value (float), x, y, width, height

이번에는 슬라이더를 생성하고, 슬라이더에 의해 입력되는 값에 따라 배경색을 변화시켜본다.

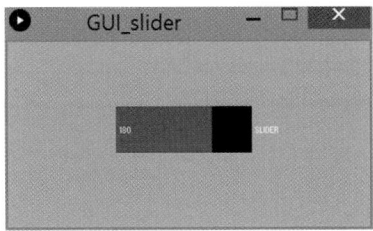

⬤ 학습예제 16-4   slider

```
import controlP5.*;
ControlP5 cp5;
int slider=50;     //슬라이더의 초기값

void setup() {
  size(400, 200);
  cp5 = new ControlP5(this);
  cp5.addSlider("slider", 0, 255, 120, 60, 150, 50);

}
```

```
void draw() {
    background(slider); // 슬라이더에 의해 입력되는 값에 의해 배경색이 변함
}
```

앞의 예제를 응용하여, 2개의 슬라이더를 생성해보자. 슬라이더는 각각 배경색과 원의 색상을 변화시킨다.

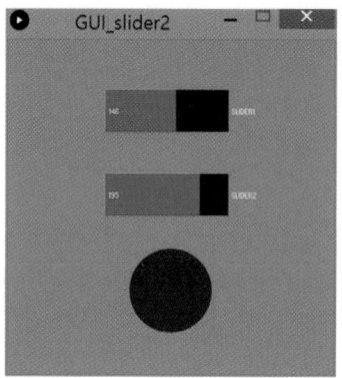

● **학습예제 16-5**   two_slider

```
import controlP5.*;
ControlP5 cp5;
int slider1=50;   // 슬라이더의 초기값
int slider2=150;  // 슬라이더의 초기값

void setup() {
    size(400, 400);
    cp5 = new ControlP5(this);
    cp5.addSlider("slider1", 0, 255, 120, 60, 150, 50);
    cp5.addSlider("slider2", 0, 255, 120, 160, 150, 50);
}

void draw() {
    // 슬라이더에 의해 입력되는 값에 따라 배경색이 변함
    background(slider1);
    // 슬라이더에 의해 입력되는 값에 따라 원의 색이 변함
    fill(slider2, 0, 0); // R값에 슬라이더값 적용
    noStroke();
    ellipse(200, 300, 100, 100);
}
```

이번엔 슬라이더 색상을 변경해보자.

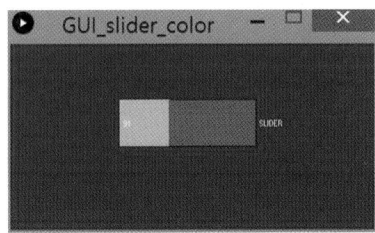

● 학습예제 16-6

```
import controlP5.*;
ControlP5 cp5;

int slider=100;              //슬라이더의 초기값

void setup() {
   size(400, 200);
   cp5 = new ControlP5(this);

   cp5.setColorBackground(color(245, 7, 222)); // pupple, 슬라이더 바의 배경색
   cp5.setColorForeground(color(242, 174, 235)); // pink, 슬라이더 바의 전경색
   cp5.setColorActive(color(244, 245, 104)); // yellow, 슬라이더 마우스 오버색상

   cp5.addSlider("slider", 0, 255, 120, 60, 150, 50); // 슬라이더 생성
        }

void draw() {
   // 슬라이더에 의해 입력되는 값에 의해 배경색이 변함
   background(0, slider, 0);
   }
```

16.4 노브^{knob}

노브는 모양이 동그란 조절 손잡이를 뜻한다. 아래의 예제는 좌우 또는 상하로 회전을 하면 값의 변화에 따라 배경색이 변한다.

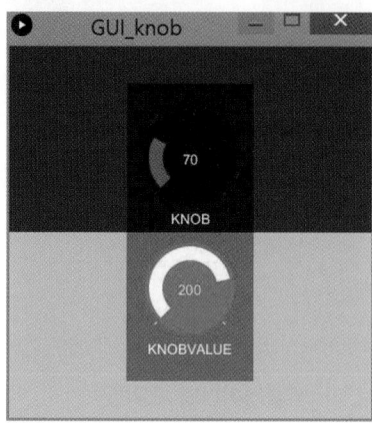

● **학습예제 16-7**   knob

```
import controlP5.*;
ControlP5 cp5;

int myColorBackground = color(0, 0, 0);

int knob = 100;
int knobValue = 100;

Knob myKnobA;
Knob myKnobB;

void setup() {
  size(400, 400);
  smooth();
  noStroke();

  cp5 = new ControlP5(this);

  myKnobA = cp5.addKnob("knob")
              .setRange(0, 255)
              .setValue(70)
```

```
            .setPosition(150, 70)
            .setRadius(50)        // 원의 반지름
            .setFont(createFont("TTSumusaleuibomB-48v", 15));
                          //폰트 및 크기 설정
  myKnobB = cp5.addKnob("knobValue")
            .setRange(0, 255)
            .setValue(200)
            .setPosition(150, 210)
            .setRadius(50)
            .setColorForeground(color(255))
            .setColorBackground(color(0, 160, 100))
            .setColorActive(color(255, 255, 0))
            .setFont(createFont("TTSumusaleuibomB-48v", 15));

}


void draw() {
  background(myColorBackground);          // black

  fill(knob);
  rect(0, 0, width, height/2);            // top box
  fill(knobValue);
  rect(0, height/2, width, height/2);     // bottom box

  fill(0, 100);//opacity
  rect(130, 40, 140, 320);                // knob box
}

void knobA(int theValue) {               // knobA 이벤트가 발생하면 호출
  myColorBackground = color(theValue);   // knobA 이벤트에 의해 발생한
                                              값을 배경색의 수치로 사용
  myKnobA.setValue(theValue);
}

void knobB(int theValue) {// knobB 이벤트가 발생하면 호출
  myColorBackground = color(theValue);   // knobB 이벤트에 의해 발생한
                                              값을 배경색의 수치로 사용
  myKnobB.setValue(theValue);
}
```

이제는 앞서 배운 내용들을 바탕으로, 슬라이더를 이용하여 이미지의 밝기
와 채도를 조절해보자. 원본 이미지에서 픽셀 값을 읽어온 후, 두 개의 슬
라이더에 의해 밝기와 채도를 변경하고, 변경된 값을 다시 적용한다.

● **응용예제 16-8**   brightness_saturation_control

```
import controlP5.*;
ControlP5 cp5;

PImage img;
PImage imgCopy;

boolean newImage;
float hue;
float saturation;
float brightness;


void setup() {
  size(700, 300);
  colorMode(HSB, 255);
  noStroke();
  img = loadImage("tree.jpg");
  img.resize(400, 0);
  imgCopy = img.get();
  cp5 = new ControlP5(this);

 cp5.addSlider("Brightness_Value")
    .setRange(0, 255)
    .setValue(0)
   .setPosition(20, 70)
```

```
    .setSize(100, 50)
    .setFont(createFont("TrebuchetMS-48v", 12))
    ;
  cp5.addSlider("Saturation_Value")
    .setRange(0, 255)
    .setValue(0)
    .setPosition(20, 150)
    .setSize(100, 50)
    .setFont(createFont("TrebuchetMS-48v", 12))
    ;
}

void draw(){
  updateImage();
  image(imgCopy, 270, 20);
}

void Brightness_Value(){
  brightness = cp5.getController("Brightness_Value").getValue();
  newImage = true;
}

void Saturation_Value(){
  saturation = cp5.getController("Saturation_Value").getValue();
  newImage = true;
}

void updateImage(){
  imgCopy = img.get();
  imgCopy.loadPixels();

  for (int x = 0; x < imgCopy.width; x++) {
    for (int y = 0; y < imgCopy.height; y++ ) {

      int loc = x + y*imgCopy.width;
      float h, s, b;

      h = hue(imgCopy.pixels[loc]);
      s = saturation(imgCopy.pixels[loc]);
      b = brightness(imgCopy.pixels[loc]);

      s += saturation;
      b += brightness;
```

```
      color c = color(h, s, b);
      imgCopy.pixels[y*imgCopy.width + x] = c;
    }
  }
  imgCopy.updatePixels();
  newImage = false;
}
```

GUI에 대한 자세한 내용은 아래 사이트를 참고한다.

* http://www.sojamo.de/libraries/controlP5/#examples

연습문제

1. 다양한 GUI 요소들을 구현하기 위해 필요한 라이브러리는 무엇인지 적어보자.

2. 버튼을 이용하여 여러 개 이상의 사운드 파일을 재생하고 멈출 수 있는 플레이
   어를 만들어보자.

3. 예제 16-8에 색상(Hue) 조절 슬라이더를 추가해보자.

17

다양한 형태의 출력

프로세싱으로 프로그램 작성을 끝냈다면, 이제 출력을 해 볼 차례이다.

프로그램이 실행되고 있는 화면을 연속적인 프레임으로 저장하거나, 최종 실행 결과를 하나의 이미지로 저장할 수 있다.

또한 실행 화면을 동영상 파일로 출력할 수 있으며, 독립적인 애플리케이션으로도 출력 가능하다.

다양한 형태의 출력방법을 살펴보자.

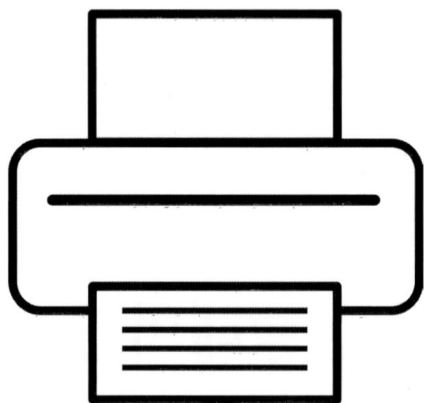

17.1 이미지로 출력하기

프로그램 실행화면을 이미지로 출력할 때에는 png, jpg, tif 와 같이 확장자를 지정할 수 있는데, 압축의 정도에 따라 디스크 공간과 저장시간이 결정된다. png, jpg는 압축을 하기 때문에 파일 크기는 작으나 저장시간이 tif 보다 좀 더 소요된다. 그러나 tif는 비압축 저장방식이기 때문에 저장시간이 빠르지만 대신 용량이 크다는 단점이 있다.

연속된 프레임으로 출력할 경우, saveFrame()함수를 사용하여 프레임들이 저장될 하위 폴더명을 지정함으로서 폴더를 자동으로 생성된다. 또한 각 이미지에 일련번호를 매길 수 있는데, #(해시)로 표시된 부분이 img-0001,img-0002 와 같이 숫자로 표현된다.

프레임 출력은 눈 깜짝 할 사이에 수백 장이 저장되므로, 자릿수를 여유 있게 설정해 두는 것이 좋다.

saveFrame("frames/img-####.tif");

하위폴더명   이미지 일련번호

▒ 연속적인 프레임으로 출력

◯ 학습예제 17-1   save_frame

```
void setup() {
   size(400, 400);
}
void draw() {

   rect(mouseX, mouseY, 30, 30);


if(frameCount<=60){
      saveFrame("frames/img-####.tif");
   }
}
```

> ✎ 부가설명: 너무 많은 프레임들이 저장될 수 있으므로, 사전에 프레임 수를 설정해 두는 것이 좋다.

위의 코드를 실행하게 되면 아래와 같이 'frames' 폴더가 자동으로 생성되고, 그 내부에 미리 정한 대로 60개의 프레임들이 저장된다.

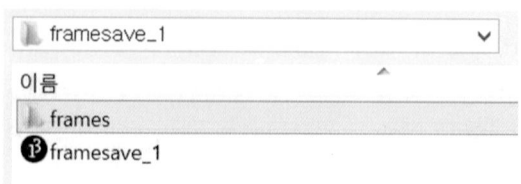

폴더 생성

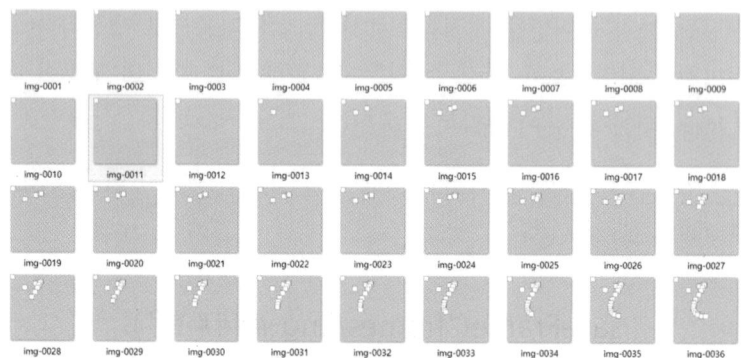

폴더 안에 저장된 프레임들

⁕ PDF로 출력하기

만약 실행 결과를 하나의 이미지로 출력하고자 한다면 고해상도의 PDF 파일형태로 저장할 수 있다. PDF는 실행 결과를 큰 사이즈로 출력해야 할 때 적합하다. 이를 위해서는 코드의 첫 줄에 PDF출력을 위한 라이브러리를 명시한다.

◯ 학습예제 17-2 export_PDF

```
import processing.pdf.*;   // pdf출력을 위한 라이브러리

void setup() {
    size(400, 400);
    beginRecord(PDF, "frame.pdf");
}
```

```
void draw() {
    rect(mouseX, mouseY, 30, 30);
}

void keyPressed() {
    if (key == 'q') {         // 'q'를 누르면 기록을 멈추고 프로그램 종료
        endRecord();
        exit();
    }
}
```

위의 코드를 실행하였더니 아래와 같이 frame이라는 PDF파일이 생성되었다. 마우스를 이용하여 그림을 그린 결과 이미지가 하나의 파일로 출력되었다.

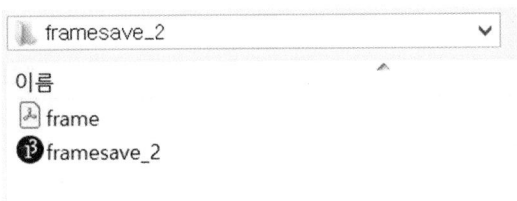

PDF파일로 저장

실행결과 이미지

17.2 프레임을 동영상으로 출력하기

이번에는 동영상으로 출력해보자. 동영상 출력은 앞서 출력했던 프레임들을 이용한다. 도구(tools) → 동영상 만들기(Movie Maker)를 선택하면 다음과 같이 무비메이커 창이 뜬다. 그러면 이미지들이 저장된 폴더를 지정하고, Create movie 버튼을 클릭한다. 추가로 동영상과 함께 사운드 파일도 추가할 수 있다.

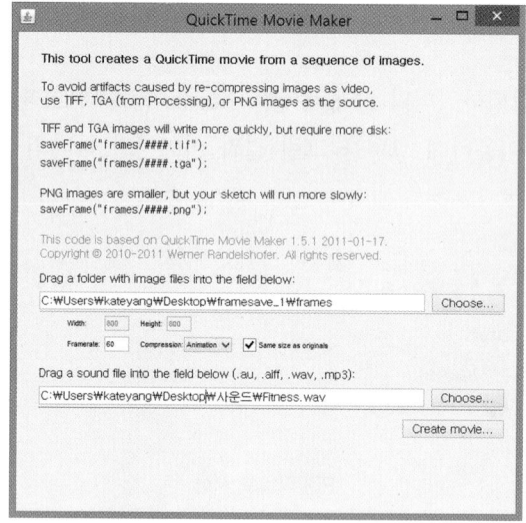

앞의 코드를 120장의 연속된 프레임으로 저장 후, 동영상으로 출력한 결과, 아래와 같이 2초 길이의 영상이 생성되었다.

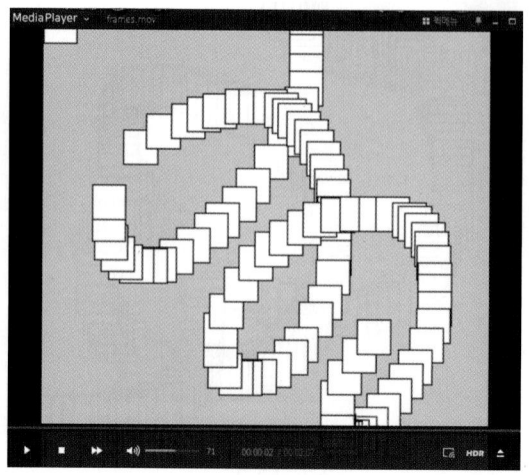

17.3 독립된 애플리케이션으로 출력하기

프로세싱으로 작성한 프로그램을 별도의 독립적인 애플리케이션으로 출력
할 수 있다.

파일(file) → 애플리케이션 출력(Export Application)을 선택하면 다음과
같은 옵션 창이 뜬다. 그러면 자신의 컴퓨터 운영체제에 맞게 선택을 하고
출력하면 된다.

프리젠테이션 모드를 체크하면, 프로그램 실행 시 전체 화면으로 실행되고,
stop버튼에 체크하면 실행 화면에 stop버튼이 생성된다.

출력을 하면 다음과 같이 application.window 32, application.window
64 두 가지의 형태로 저장이 되고, 폴더 내부에 들어가면 실행 파일(.exe)
이 있다. 이 파일을 클릭하면, 컴퓨터에서 바로 실행된다.

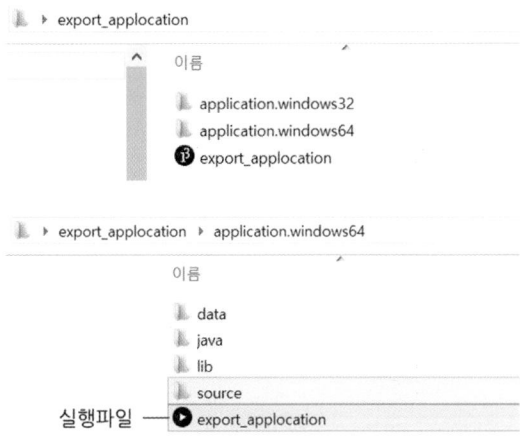

파일을 실행을 하면 전체화면으로 프로그램을 볼 수 있다.

17.4 모바일 프로세싱 애플리케이션 사용하기

부가적으로 프로세싱 프로그램은 모바일에서도 작성 가능하다. 안드로이
드 기기 및 아이폰에서 프로세싱 앱(App)을 다운받아 사용할 수 있다. 프
로그램을 작성한 후, 저장을 하면 화면에 스케치 파일이 생성된다.

프로세싱 앱을 통해 프로그램 작성   프로그램 실행

연습문제

1. 간단한 프로그램을 작성한 후, 약 180개의 연속된 프레임으로 저장해보자.

2. 180개의 연속된 프레임을 음악을 포함한 동영상으로 출력해보자.

3. 프로그램을 실행한 후, PDF이미지로 출력해보자.

4. 작성한 프로그램을 독립된 애플리케이션으로 출력해보자.

5. 프로세싱 모바일 앱을 다운받아 간단한 프로그램을 작성해보자.

PART

2

>>>>>>

작품 예제

Abstract

앞서 Part 1에서는 다양한 주제를 통해 프로세싱의 기본적인 내용을 배웠다. 그러나 프로세싱으로 무엇을 구현할 수 있고, 어떻게 활용할 수 있는지 막막하기도 할 것이다. 프로세싱으로 할 수 있는 것은 이러한 것들이다 라고 단정할 수 없을 만큼 매우 다양하다.

Part 2에서는 프로세싱을 이용해서 구현된 몇 가지 작품예제들을 수록하였다. 이를 기반으로 더 좋은 상상력과 기술로 흥미로운 작품들을 구현할 수 있기를 바란다.

예제 코드 및 관련 파일들은 https://cafe.naver.com/artprocessing 를 참고한다.

(*수록되어있는 작품 예제들은 학생들의 작품도 일부 포함되어있다.)

❶ 도시풍경 Cityscape

- **난이도**: 하
- **키워드**: 기본도형 그리기, for반복문, 이미지의 이동속도와 방향, 마우스 인터랙션
- **설명**: 도시의 낮과 밤풍경을 표현한 예제이다. 다리 위로 지하철이 지나가고, 마우스의 위치에 따라 배경과 해의 색상이 바뀌며, 배경이 어두워지면 창문의 불빛이 반짝이는 풍경이 연출된다. 예제를 참고로 다양한 도형그리기 함수를 이용하여 멋진 그림을 그려보자.
- **관련챕터**: 2장, 4장, 7장, 11장

주요 코드

```
.....중략....

void draw() {
  noStroke();

 //배경-마우스 y좌표 위치에 따라 배경색과 해의 색상이 바뀐다.
  fill(122-(mouseY*0.2), 186-(mouseY*0.25), 225-(mouseY*0.25));
  rect(0, 0, 900, 600);

 //해
  fill(252, 240+(mouseY*0.5), 222-mouseY, 100);
  ellipse(150, 150, 100, 100);
  fill(252, 243+(mouseY*0.2), 159-mouseY);
  ellipse(150, 150, 80, 80);

.....중략....

//지하철 이미지(737*50pixel)가 화면 밖으로 나가면 처음으로 되돌아오도록
  fill(220);
  rect(speed-737, 452, 737, 50, 10);      // 몸체

  fill(135, 183, 162);
  rect(speed-737, 475, 737, 7);           // 몸체-라인

  for (int i=50; i<720; i+=50) {
    fill(252, 251, 207);
    rect(speed-i, 460, 30, 10, 5);        // 창문
  }
  if(speed>=width+737) {
    speed=-50;
  }
  speed=speed+5;                          // 이동 속도
```

2 라디오 웨이브 Radio Wave

- **난이도**: 하
- **키워드**: 기본도형 그리기, for 반복문, if 조건문, 키보드 인터랙션
- **설명**: 라디오의 세부적인 형태를 정교하게 그린 예제이다. if문을 이용하여 키보드를 누르면 라디오 주변으로 여러 개의 wave가 생성된다. 예제 1, 예제 2와 같이 다양한 그리기 함수를 통해 정교한 이미지를 그려보자. 또한 이미지 요소에 움직임과 변화를 적용해보자.
- **관련챕터**: 2장, 4장, 5장, 11장

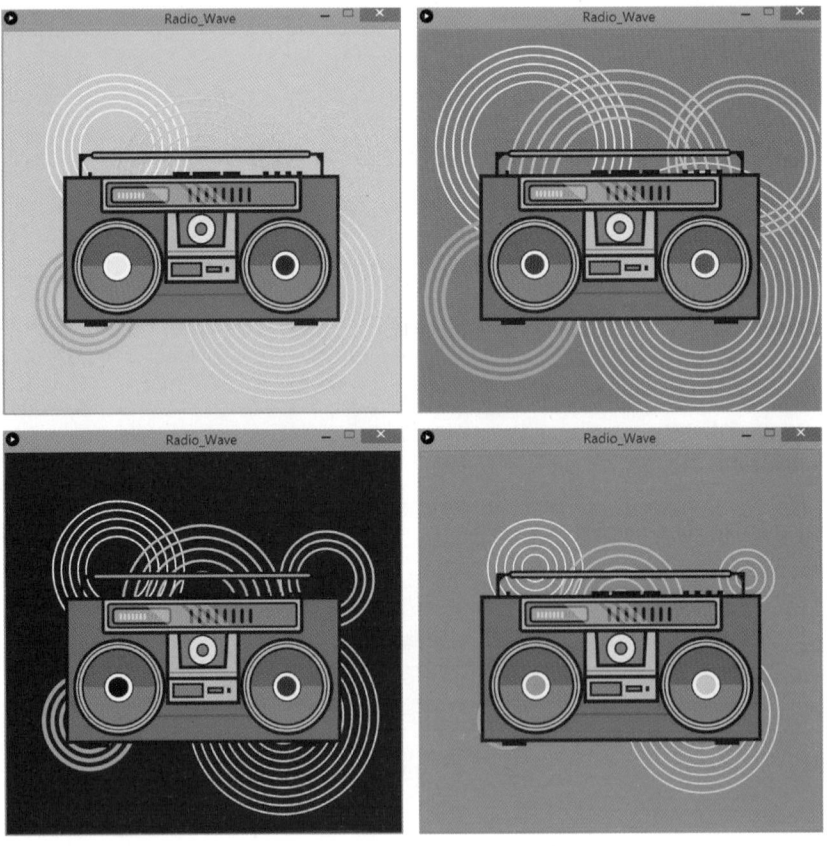

주요 코드

```
float d = 0;
float angle=0;

void setup() {
  size(700, 700);
  smooth();
}

void draw() {
  background(#57585A);
  //background(random(255), random(255), random(255));

  //wave pattern
  if (keyPressed) {

    //pink wave
    noFill();
    stroke(#FCEBF8);
    strokeWeight(3);
    for (int i=0; i<150; i+=30) {      // 0~150범위 안에서 30pixel의 간격으로
                                       // 원을 그림. 원의 폭과 높이는 점점 증가

      ellipse(200, 200, i+d, i+d);
    }

    //green wave
    stroke(#89FFB3);
    strokeWeight(4);
    for (int i=0; i<200; i+=40) {
      ellipse(350, 267, i+d, i+d);
    }

    //blue wave
    stroke(#89A9FF);
    strokeWeight(7);
    for (int i=0; i<80; i+=30) {
      ellipse(148, 457, i+d, i+d);
    }

    .....중략....

    d+=2;                // 원의 크기가 증가하는 속도
    if (d>=200) {        // 일정크기 이상 커지면 0상태
      d=0;
    }
  }
```

③ 움직이는 추상화 El Lissitzky Motion

- **난이도:** 하─중
- **키워드:** 기본도형 그리기, 도형의 변환, 마우스 인터랙션
- **설명:** 절대주의 창시자인 말레비치의 영향을 받은 러시아의 화가이자 디자이너
  인 엘 리시츠키의 추상화에 변환(translate)을 통한 움직임을 적용한 작품이다.
  그림의 각 요소에 pushMatrix(), popMatrix()를 이용하여 좌표축의 변환, 좌표
  스케일의 변환 및 회전각을 달리하여 다양한 움직임을 주었다. 각 요소의 개별적
  인 움직임이 전체적으로 균형을 이루도록 증감과 이동속도를 맞추는 것이 관건
  이다. 예제를 참고하여 다양한 추상화 작품에 역동적인 움직임을 적용해보자.
  정적이고 어렵게만 느껴지는 추상화가 새롭게 느껴질 것이다.
- **관련챕터:** 2장, 8장, 11장

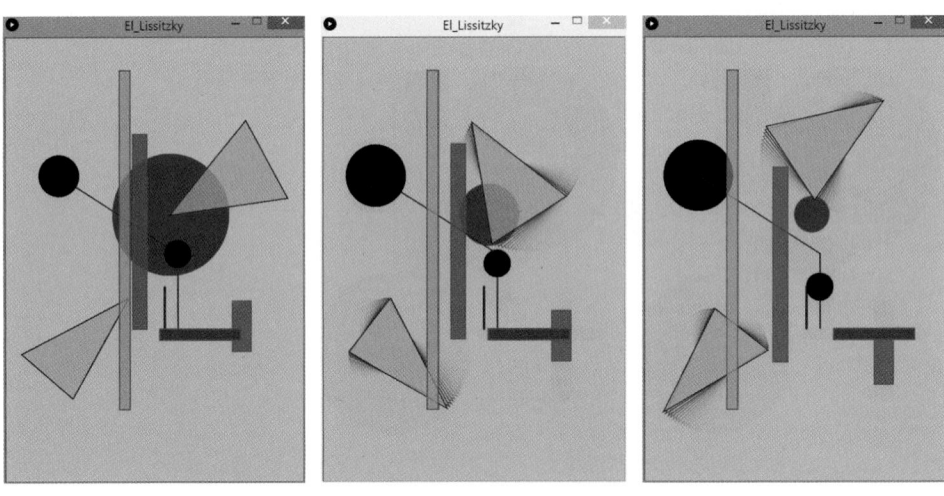

주요 코드

```
.....중략.....

//--------------- 세개의 원(크기의 증감, 이동)
noStroke();
fill(172, 59, 55);

if (mousePressed==true) {              // 빨간 원_스케일 down
  pushMatrix();                        // 마우스를 누르면 스케일 down
  translate(310, 320);                 // 원의 중심으로 원점이동
  scale(f);
  ellipse(0, 0, 220, 220);
  f-=0.001;
  popMatrix();
} else {
  f=1.0;
  ellipse(310, 320, 220, 220);
}
if (f<0.2) {                           // 스케일 값이 0.2보다 작아지면
  f=1.0;                               // 본래의 스케일로 되돌아간다.
}


fill(0);
ellipse(100, 250, 75, 75);
if (mousePressed==true) {              // 검은색 원
  pushMatrix();                        // 마우스를 누르면 스케일 up
  translate(100, 250);                 // 원의 중심으로 원점이동
  scale(p);
  p+=0.001;
  ellipse(0, 0, 75, 75);
  popMatrix();
}
if (p>1.8) {                           // 스케일 값이 1.8보다 커지면
  p=1.0;                               // 본래의 스케일로 되돌아간다.
}

ellipse(325, 390+d, 50, 50);          // 오른쪽 검은색 원
if (mousePressed==true) {              // 마우스를 누르면 y 좌표가 증가하여
  d+=0.2;                              // 아래쪽으로 이동
}
if (d>=80) {
  d=0;
}
```

```
//-------------------- 두 개의 삼각형(회전)
  stroke(50);
  fill(229, 182, 76, 180);

  if (mousePressed==true) {              // 삼각형1_마우스를 누르면 삼각형이 회전
    pushMatrix();
    translate(380, 220);                 // 회전을 위한 중심이동
    rotate(angle);
    angle+=0.02;
    triangle(70, -70, -70, 100, 150, 70);
    popMatrix();
  } else {
    angle=0;
    triangle(450, 150, 310, 320, 530, 290);
  }
.....중략.....
//-----------------사각형들의 이동
fill(172, 59, 55);
rect(290+s, 525, 150, 20);               // 화면 하단의 빨간 사각형

  if (mousePressed==true) {              // 마우스를 누르면 x좌표 증가_오른쪽으로 이동
    s+=0.2;
  }
  if (s>=80) {                           // 변수 s의 값이 80이상이 되면
    s=0;                                 // 본래의 위치로 돌아간다.
  }
```

4 아이스크림 Ice Cream

- **난이도**: 하
- **키워드**: 랜덤, 마우스 및 키보드 인터랙션, 타이포그래피
- **작품설명**: 마우스 누르기와 키보드를 재미있게 활용하여 아이스크림의 다양한 맛을 그리는 그림이다. 각 아이스크림의 색상과 눈이 디스플레이 되는 위치에 랜덤함수를 적용하였다. 예제를 참고하여 동적인 아이스크림 포스터를 만들어보자. 또한 플래시 애니메이션적 표현을 대체할 수 있도록 작품을 제작하여, 실제 매장에 적용할 수 있도록 발전시켜보자.
- **관련챕터**: 6장, 10장, 11장

주요 코드

```
PImage icecream;                    // PImage의 객체 icecream 선언
PImage ribbon;
PFont myFont;                       // PFont의 객체 myFont선언

void setup() {
  size(730, 1073);
  icecream = loadImage("icecream.jpg");
  ribbon = loadImage("ribbon.png");
  image(icecream, 0, 0, 730, 1073);
  image(ribbon, 130, 0);

  String s="Ice Cream";             // String 데이터 유형의 변수
  myFont = loadFont("ComicSansMS-80.vlw");   // 생성한 폰트 로드
  textFont(myFont, 80);             // 폰트사이즈 설정
  fill(255);
  text(s, 220, 80);                 // 텍스트 디스플레이
}

void draw() {

  noStroke();
  if (keyPressed) {
    //strowberry
    if (key == '1') {               // 키보드의 1번을 누른채 마우스를 움직이면
      float r = random(200, 255);
      float g = random(150, 255);
      float b = random(200, 255);
      fill(r, g, b);
      ellipse(mouseX, mouseY, 40, 40); // 랜덤한 컬러로 원들이 그려진다.
    }
    //mango
    if (key == '2') {               // 키보드의 2번을 누른채 마우스를 움직이면
      float r = random(200, 254);
      float g = random(180, 240);
      float b = random(80, 100);
      fill(r, g, b);
      ellipse(mouseX, mouseY, 40, 40); // 랜덤한 컬러로 원들이 그려진다.
    }
```

```
.....중략.....

//white ellipse
if (key == 'a' ¦¦ key == 'A') {    // 키보드의 'a' 또는 'A'를 누르면
  float x=random(730);
  float y=random(1073);
  float diam=random(20);

  noStroke();
  fill(255, random(255));
  ellipse(x, y, diam, diam);          // 랜덤한 위치와 크기의 원들이 그려진다.
}
```

5 아이폰 플레이 iPhone Play

- **난이도**: 하–중
- **키워드**: 키보드 인터랙션, 이미지 디스플레이, 사운드 재생,
- **라이브러리**: minim
- **설명**: 풍경사진을 배경으로 한 아이폰의 다양한 화면들을 키보드 인터랙션으로 표현하였다. 다양한 key를 이용하여 재미있게 연출해본다.
- **관련챕터**: 11장, 13장, 15장

주요 코드

```
import ddf.minim.*;                 // minim라이브러리 가져오기
AudioPlayer player;
Minim minim;                        // Minim 객체 선언

.....중략.....

void draw(){

.....중략.....
  //------------------------iphone 부팅화면
  int radius=50;
  ellipse(290, 750, radius, radius);
  float d=dist(mouseX, mouseY, 690, 770);

  if (d<30) {                       // 마우스 전원버튼 롤 오버

    image(img4, 520, 190);
    strokeWeight(1);
    fill(255);
    rect(580, 630, 220, 10);
    fill(0);
    rect(580, 630, 50+bar, 10);     // booting bar 길이 증가
    bar=bar+2;
    if (bar>=170) {
      bar=0;
    }
  }
  //-----------------------키 플레이: a,b,c,d,e,f,g,h

if (key=='a') {                     // 메인화면 이미지
  image(img2, 520, 190);
 }
 if (key=='b') {                    // 전화 수신화면 이미지
   image(img5, 520, 190);
 }
 if (key=='c') {                    // 메모창 이미지
   image(img3, 520, 190);
   stroke(255);
```

```
    // constrain함수는 마우스의 이동을 특정범위로 제한한다.
    float mx = constrain(mouseX, 520, 860); //
    float my = constrain(mouseY, 190, 709);
    float px = constrain(pmouseX, 520, 860);
    float py = constrain(pmouseY, 190, 709);
    line(mx, my, px, py);
  }
  if (key=='d') {                        // 카메라 이미지(배경이미지와 연결)
    image(img1, 520, 190);
  }
  if (key=='e') {
    q=int(random(0, 255));
    w=int(random(0, 255));
    e=int(random(0, 255));
  }

.....중략.....

void keyPressed(){                       // 키 'b'를 누르면 전화벨 소리재생
  if(key=='b'){
    minim =new Minim(this);
    player = minim.loadFile("bell.mp3", 2048);
    player.play();
  }
}
```

6 새의 군무 Birds Flight

- **난이도**: 중
- **키워드**: 마우스 위치와 방향, 이미지 디스플레이, 이미지 합성
- **설명**: 프로세싱을 이용하여 영상의 느낌을 표현한 작품으로, 자연풍경을 배경으로 새의 군무와 물안개를 표현하였다.

  마우스 위치 주변의 특정 영역 안에서 랜덤한 위치에 새들이 날고, 마우스의 이동방향에 따라 새가 나는 방향이 바뀐다. 또한 물안개 이미지를 그래픽 프로그램으로 제작하여 배경과 합성 후 천천히 이동하게 함으로써 마치 영상을 보는 듯한 느낌을 연출하였다. 예제를 참고로 단순한 그리기를 넘어 다른 영역의 표현방법을 모색해보자.

- **관련챕터**: 7장, 11장, 13장

■ 사용된 이미지

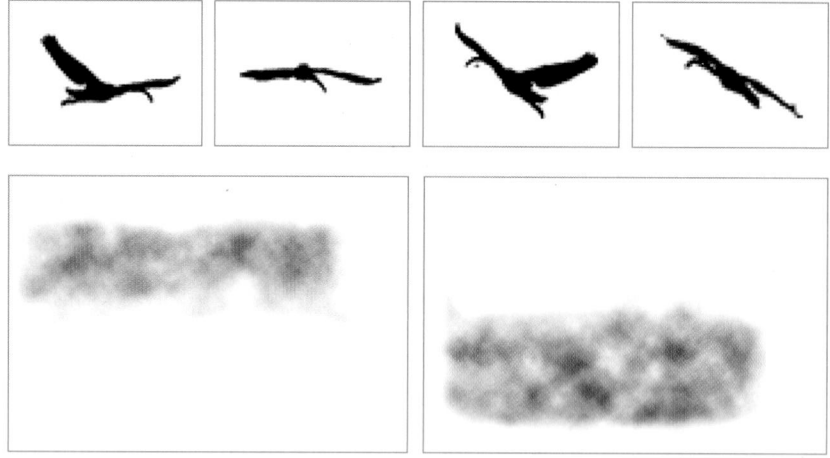

⁕ 주요 코드

```
PImage img_1;                    // 이미지를 불러오기 위한 객체들 선언
PImage img_2;
PImage img_3;
PImage img_4;
PImage img_5;
PImage img_6;
PImage img_7;

int r=0;
String curDirection;             // 콘솔창에 마우스 이동방향 출력을 위한 변수

void setup() {
  size(1760, 1100);
  img_1= loadImage("lake.jpg");       // 이미지 로드
  img_2= loadImage("cloud_1.png");
  img_3= loadImage("cloud_2.png");
  img_4= loadImage("bird_left1.png");
  img_5= loadImage("bird_left2.png");
  img_6= loadImage("bird_right1.png");
  img_7= loadImage("bird_right2.png");
}
```

```
void draw() {
  image(img_1, 0, 0, width, height);                          // 배경이미지 디스플레이
  println("Current direction is " + curDirection);            // 마우스 방향을 콘솔창에 출력

  if (mouseX < pmouseX) {                                      // 마우스가 왼쪽으로 이동할때
    for (int i=0; i<20; i++) {                                // 왼쪽으로 향하는 새의 이미지를
                                                              // 렌덤하게 디스플레이

      image(img_1, mouseX+random(0, 600), mouseY+random(0, 300));
      image(img_2, mouseX+random(50, 800), mouseY+random(-200, 150));

      curDirection = "right to left";                         // 콘솔창에 문장출력
    }
  } else {                                                    // 마우스가 오른쪽으로 이동할때
    for (int i=0; i<20; i++) {                                // 오른쪽으로 향하는 새의 이미지를
                                                              // 렌덤하게 디스플레이
      image(img_3, mouseX-random(0, 600), mouseY-random(0, 300));
      image(img_4, mouseX-random(50, 800), mouseY-random(-200, 150));

      curDirection = "left to right";                         // 콘솔창에 문장출력
    }
  }
  // 물안개 이미지 합성
  blend(img_1, 0, 0, width, height, -100+r, 0, width, height, SCREEN);
  blend(img_2, 0, 0, width, height, -300+r, 0, width, height, SCREEN);

  r+=4;                                                       // 물안개의 이동속도
  if(r>1700)                                                  // 화면 밖으로 사라지면 처음으로 되돌아간다.
  r=-1400;
}
```

7 마그리트 Magritte Motion

- **난이도**: 중
- **키워드**: 마우스 인터랙션, 이미지 디스플레이, 이미지 이동
- **설명**: 초현실주의 화가 르네 마그리트 작품을 동적으로 표현한 작품이다. 원근의 표현을 위해 크기, 색상에 따른 man이미지를 3가지로 제작하여 이미지 배열에 저장한 다음 랜덤하게 떨어지도록 하였다. 이를 위해서 man이미지의 움직임에 관련된 Drop클래스를 구현하였다. 전체 코드는 사이트를 통해 확인하자.
- **관련챕터**: 7장, 11장

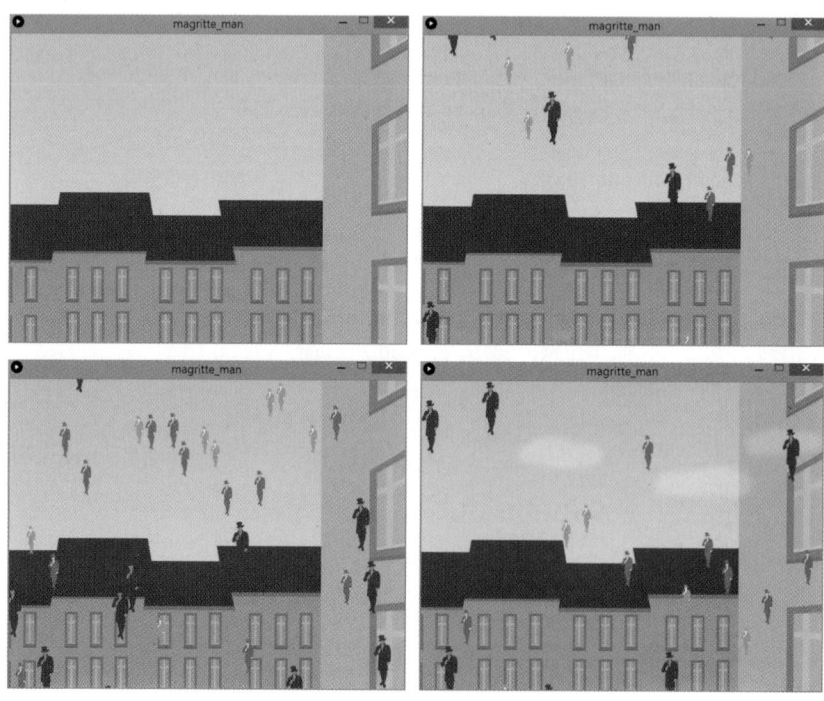

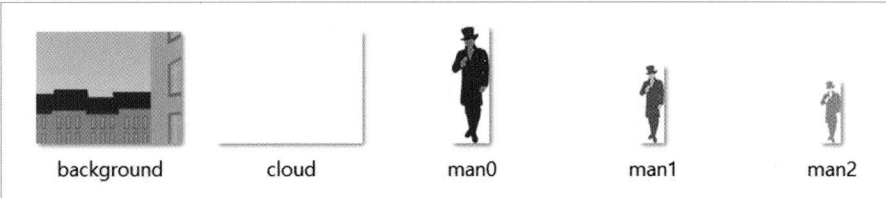

data 폴더에 저장된 이미지

주요 코드

```
int i=0;

PImage Magritte;
PImage cloud;
PImage[]man=new PImage[3];                    // 이미지 배열

Drop[]drops;

void setup() {
  size(800, 600);
  Magritte = loadImage("background.jpg");
  cloud = loadImage("cloud.png");

  for (int i = 0; i < man.length; i++) {      // 이미지 배열의 길이만큼
    man[i]= loadImage("man"+i+".png");        // 각 인덱스에 이미지 로드
  }
  int numDrop=20;                             // man이미지가 떨어지는 개수
  int dia=width/numDrop;
  drops=new Drop[numDrop];                    // Drop 클래스 초기화

  for (int i = 0; i < drops.length; i++) {
    float x = dia/2 + i*dia-20;

    float sp = random(0.5, 2.0);              // man이미지가 떨어지는 속도

    int index=int(random(0, man.length));
    drops[i] = new Drop(man[index], x, -200, dia, sp);
  }
}
```

```
void draw() {
  image(Magritte, 0, 0);

  if (keyPressed) {                          // 키를 누르면 구름이미지 지나감

    image(cloud, -300+i, 0, width, height);
    i+=1;

    if (i>1000) {
      i=-300;
    }
  }
  for (int i=0; i < drops.length; i++) {     // Drop클래스의 멤버함수 호출
    drops[i].move(); // Move each object
    drops[i].display(); // Display each object
  }
}
```

8 장애물 게임 Barrier Game

- **난이도**: 중–상
- **키워드**: 키보드 인터랙션, 배열, 클래스
- **설명**: 키를 누르면 캐릭터가 점프하여 장애물을 넘는 게임이다. 스코어를 설정해 장애물을 넘을 때마다 1점을 얻는다. 만약 장애물에 부딪혀 게임 오버가 되면 스페이스바를 눌러 게임을 다시 시작할 수 있다. 프로세싱을 이용해서 다양한 게임을 구현해보자.
- **관련챕터**: 7장, 11장, 12장

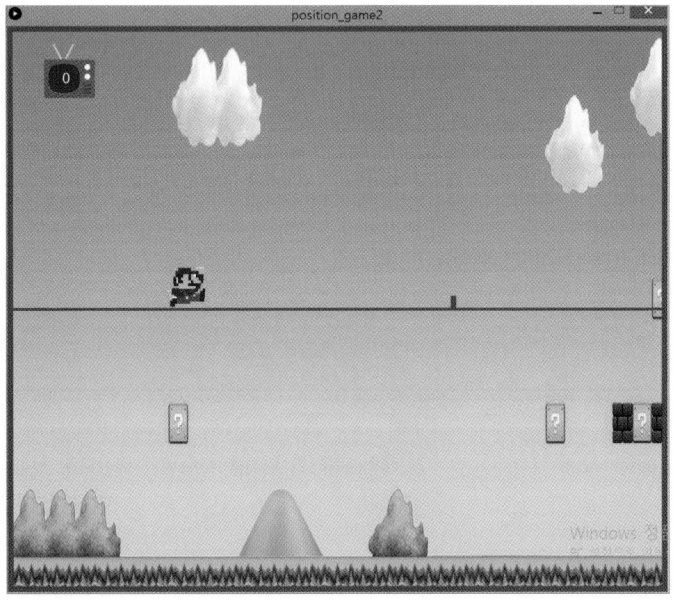

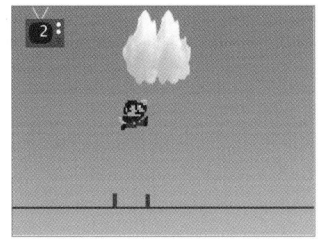
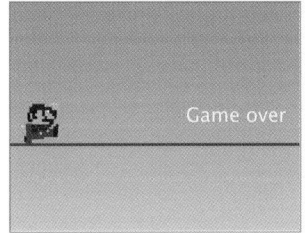
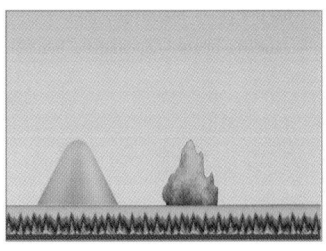

주요 코드

```
.....중략.....

ArrayList<Wall> walls = new ArrayList<Wall>(); // 벽 생성을 위한 배열 리스트 선언 및 초기화

.....중략.....

void draw()
{
  background(255);
  image(img1, 0, 0);

  fill(255);
  textSize(24);
  text(score, 100, 100);

  if(millis() - now_time > interval )    // 현재시간-기존시간
  {
   walls.add(new Wall());               // 배열 요소들을 추가하기
   now_time = millis();
   interval = int (random(2000, 6000)); // 벽 간격
   print("w");
  }

  image(img2, x, y, 70, 70);

  if(y+speed < height/2.3)              // 게임캐릭터의 위치를 line위치 이상으로 제한
  {
     y += speed;
     speed += 0.5;
  }
  strokeWeight(5);
  stroke(137, 80, 10);
  line(0, height/2, width, height/2);    // line
```

```
  for(int i = 0; i < walls.size(); i++)          // 벽 시각화
  {
      Wall myWall = walls.get(i);
      myWall.display();                          // 시각적으로 display
      if(game_over == fals {
         myWall.move();                          // 벽 움직임
      }
      if(myWall.del == true){
         walls.remove(i);
      }
      if(myWall.xpos < x && myWall.up == false)  // 점수가 막대 하나씩 넘을 때 마다
                                                 //    1점씩 증가 시키기위해서
      //up이 false일 경우에만 증가를 하게함
      {
         score = score + 1;
         myWall.up = true;
      }
   }
}

void keyPressed()
{
  speed = -10;                                   // 키를 눌렀을 때 점프
  if(game_over == true){
     game_over = false;                          // 게임종료 후 0점부터 다시 시작
     score = 0;
  }
}
```

9 음악의 시각화 Music Visualizer

- **난이도**: 중
- **키워드**: 사운드 시각화, switch 조건문
- **라이브러리**: minim
- **설명**: 음악을 다양한 버전으로 시각화 한 작품이다. 각 키를 누르면, 음악에 맞추어 반응하는 다양한 그래픽들이 디스플레이 된다. switch 조건문은 if 구문과 비슷하지만 여러 개의 조건을 나열할 때에는 if, else if 보다 간편하게 조건문을 만들 수 있다. case를 더 추가하여, 사운드 비트에 반응하는 다양한 그래픽을 구현해보자.
- **관련챕터**: 15장

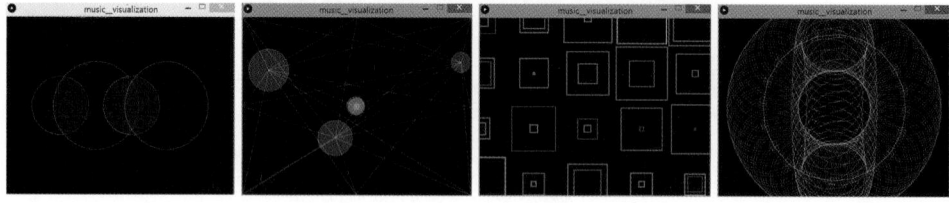

⊹ 주요 코드

```
.....중략.....

void draw() {
  background(0);

switch(start) {
  case 1:

    float soundL = player.left.get(1)*500+50;     // 왼쪽 사운드
    float soundR = player.right.get(1)*500+50;     // 오른쪽 사운드

    fill(0, random(255), random(255), 100);
    strokeWeight(2);
    stroke(255, 80);
    ellipse(150, height/2, soundL, soundL);
    ellipse(250, height/2, soundR*0.7, soundR*0.7);
    ellipse(350, height/2, soundR, soundR);
    ellipse(450, height/2, soundL*0.5, soundL*0.5);
    break;

  case 2:
    BluCir();                                      // BluCir()함수 호출
    break;

  case 3:
    colorMode(HSB);
    noFill();

    for (int i=0; i<6; i++) {
      for (int j=0; j<6; j++) {
        stroke(random(100, 150), 255, 255, 155);
        strokeWeight(3);
        float d = random(2, 100);
        rectMode(CENTER);
        rect(i*150, j*150, d*1.5, d*1.5);
      }
    }
    break;

  case 4:
    greenRect();                                   // greenRect()함수 호출
    break;
```

```
    case 5:
      redCir();                                    // redCir()함수 호출
      break;
    }
}

.....중략.....

void redCir() {
  float soundL = player.left.get(1)*500;
  float soundR = player.right.get(1)*500;
  float d=random(5, 30);

  pushMatrix();
  stroke(255, 0, 0, 100);
  strokeWeight(0.7);
  noFill();
  translate(width/2, height/2);

  for (int i=0; i<400; i++) {

    rotate(i/PI);
    ellipse(i, random(100), soundL, soundL);
    ellipse(i, random(100), soundR, soundR);
  }
 popMatrix();
}

void keyPressed() {
  if (key == '1') {
    start = 1;
  } else if (key == '2') {
    start = 2;
  } else if (key == '3') {
    start = 3;
  } else if (key == '4') {
    start = 4;
  } else if (key == '5') {
    start = 5;
  } else {
    start = 0;
  }
}
```

🔟 드로잉 앱 Drawing App

- **난이도**: 중
- **키워드**: 이미지 디스플레이, 키보드 및 마우스 인터랙션, 이미지 출력
- **라이브러리**: minim, Calender
- **설명**: 프로세싱을 이용하여 만든 드로잉 프로그램이다. 사용자가 번호를 통해 밑 그림을 선택하면 여러 개의 키보드와 마우스의 조합으로 다양한 색상을 칠할 수 있고, 스티커와 같은 이미지도 붙일 수 있다. 그림을 완성하면 완성된 그림이 액 자 속에 담기고, 그림을 그린 날짜를 파일명으로 하여 이미지가 저장된다. 또한 잔잔한 배경음악과 함께 파도소리, 새소리, 교회 종소리 등 그림에 어울리는 다 양한 사운드를 들으며 그림을 그릴 수 있다.

    예제를 참고로 하여 프로세싱을 이용한 독립적인 애플리케이션을 구현해보자.
- **관련챕터**: 11장, 13장, 17장

그림선택−그림 디스플레이−색칠하기−완성

180420_153451_
27567

180530_014840_
157066

180530_015919_
30116

완성된 그림을 저장

주요 코드

```
import java.util.Calendar; // 파일 저장시 년, 월, 일을 파일명으로 지정
import ddf.minim.*;

.....중략.....

// ENTER키를 누르면 Excellent라는 문구와 함께 그림완성
if(keyCode == ENTER )
  {
      textFont(font, 110);
      fill(random(80, 225), random(80, 225), random(80, 225));
      text("Excellent!", 410, 945);
  }
}

void keyPressed(){
  if (keyCode=='1')         // 1번을 선택하면 1번 밑그림과 팔레트 디스플레이
  {
    background(198, 228, 218);
    image(img1, 200, 70);
    noStroke();
    fill(70);

    rect(0, 840, 1400, 230);
    image(menu, 70, 0);

    player_3.loop();          // 배경음악과 그림에 맞는 사운드 효과 재생
    player_4.pause();         // 나머지 음악들은 멈춤
    player_5.loop();
    player_6.pause();
  }

  else if (keyCode=='2'){    // 2번 그림을 선택하면 2번 밑그림과 팔레트
                             //    디스플레이
    background(198, 228, 218);
    image(img2, 200, 70);

    noStroke();
    fill(70);
    rect(0, 840, 1400, 230);
    image(menu, 70, 0);
```

```
    player_3.pause();           // 배경음악과 그림에 맞는 사운드 효과 재생
    player_4.loop();            // 나머지 음악들은 멈춤
    player_5.pause();
    player_6.pause();
  }

  .....중략.....

  void keyReleased(){           // TAB키를 누르면 그림이 저장된다.
  if (keyCode== TAB)
  {

    saveFrame(timestamp()+"_##.png");

  }
}

String timestamp() {           // 완성된 그림파일 저장시 년, 월, 일을 파일명으로 함
  Calendar now = Calendar.getInstance();
  return String.format("%1$ty%1$tm%1$td_%1$tH%1$tM%1$tS", now);
}
```

11 빛을 따라다니는 나비 Butterfly

- **난이도**: 중–상
- **키워드**: 이미지 디스플레이, 배열, 카메라 영상 가져오기
- **라이브러리**: video
- **설명**: 컴퓨터 비전 라이브러리를 이용하여 재미있는 인터랙티브 작품을 만들어 보자. 본 작품 예제는 카메라 입력 영상에서 가장 밝은 픽셀의 위치를 추적하여, 해당위치에 나비가 날갯짓을 하는 gif 애니메이션이 구현된다. 이를 위하여 data 폴더에 나비의 여러 제스처를 각각 gif파일 형태로 저장한다.
- **관련챕터**: 13장, 14장

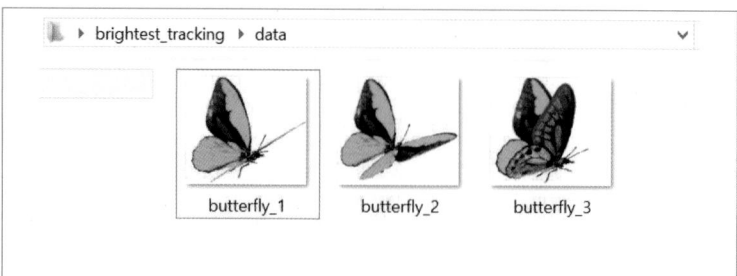

gif 이미지 저장

주요 코드

```
import processing.video.*;
Capture cam;

int numFrames = 3;                              // 애니메이션을 위한 이미지 개수
int currentFrame = 0;
PImage[] images = new PImage[numFrames];        // 이미지 배열

void setup() {
  size(640, 480);
  frameRate(24);
  cam = new Capture(this, 640, 480);
  cam.start();
  noStroke();
  smooth();

  images[0]  = loadImage("butterfly_1.gif");    //각 이미지를 인덱스에 할당
  images[1]  = loadImage("butterfly_2.gif");
  images[2]  = loadImage("butterfly_3.gif");
}

void draw() {
  if (cam.available()) {
    cam.read();
    image(cam, 0, 0, width, height);
    int brightestX = 0;
    int brightestY = 0;
    float brightestValue = 0;
```

```
  cam.loadPixels();
  int index = 0;

for (int y = 0; y < cam.height; y++) {
    for (int x = 0; x < cam.width; x++) {

        int pixelValue = cam.pixels[index]; // 각 픽셀에 저장된 색 가져오기
        float pixelBrightness = brightness(pixelValue); // 픽셀의 밝기 결정

        if (pixelBrightness > brightestValue) {
          brightestValue = pixelBrightness;
          brightestY = y;
          brightestX = x;
        }
        index++;
    }
  }

  // 나비 애니메이션 디스플레이 프레임을 순환하기 위해 '%' 사용
  currentFrame = (currentFrame+1) % numFrames;
      image(images[(currentFrame) % numFrames], brightestX-50, brightestY-50)

  }
}
```

12 볼 레인 Ball Rain

- **난이도**: 상
- **키워드**: 카메라 영상 가져오기, 클래스
- **라이브러리**: video
- **설명**: 카메라 입력영상을 이용한 인터랙티브 작품이다. 입력영상의 밝기를 분석하여, 밝기의 임계치(threshold)를 지정하고, 임계치 이하의 어두운 부분에 ball이 멈추도록 한다. 임계치 및 중력, 속도 등을 조정해 보면서 ball이 떨어지는 속도 및 멈추는 지점의 변화를 느껴본다. 또한 입력영상은 좌우가 바뀌어 있으므로, 화면의 좌우를 반전해보자.
- **관련챕터**: 12장, 14장

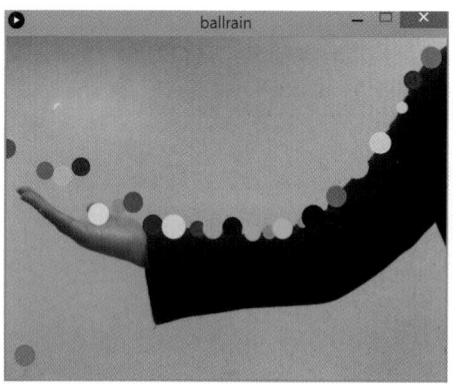 

⊕ 주요 코드

```
import processing.video.*;
Capture cam;
int totalOffset = 0;
PImage flip;

Ball[] ball;
int ballCount=300;

float thresh = 100;
float sampleFloor = 30;
float gravity;

.....중략.....

void draw() {

  if (cam.available() == true) {
    cam.read();
  }

  cam.loadPixels();
  flip.loadPixels();
  flipImage(); //flip the image
  cam.updatePixels();
  image(flip, 0, 0);
  for (int i = 0; i <ballCount; i++) {
    ball[i].display();
  }
  flip.updatePixels();
}

void initBall() {                    // 볼 초기설정: 볼 위치 지정

  ball =  new Ball[ballCount];
  for (int i =0; i<ballCount; i++ ) {
    ball[i] = new Ball(i, totalOffset);
    totalOffset+= ball[i].ball_size;
  }
}
```

```
void flipImage() {                    // 입력 영상을 빈 이미지에 복사
  for (int y = 0; y < cam.height; y++) {
    for (int x = 0; x < cam.width; x++) {
      int i = y*cam.width + x;
      int j = y*cam.width + cam.width-1-x;
      flip.pixels[j] = cam.pixels[i];
    }
  }
}
.....중략.....


 // 볼 클래스: 볼 색상, 위치 지정, 상태에 따른 움직임 구현, 위치검사
class Ball {

  int index;
  int xOffset;
  float speed;
  float curYPos, prevYPos;
  float topBrightPixel;
  int state = 0;
  float ball_size;

  Ball(int index, int xOffset_) {
    this.index = index;
    this.xOffset = xOffset_;
    curYPos = int(random(-300, -100));
    speed=0;
    this.ball_size = random(5, 25);
  }

  void display() {                    // 볼 그리기
    senseBrightness();
    compareToCurrent();
    update();
    noStroke();

    fill( random(5, 255), random(5, 255), random(5, 255));
    ellipse(xOffset, curYPos, this.ball_size, this.ball_size);
  }


  void senseBrightness() {            // 밝은 위치 감지
    topBrightPixel = 0;
```

```
    for (int i = xOffset; i < flip.pixels.length-flip.width*sampleFloor; i+=flip.width) {
      if (brightness(flip.pixels[i]) < thresh) {
        break;
      }
      topBrightPixel++;
    }
  }

  void compareToCurrent() {                        // 현재픽셀 밝기와 비교
    if (topBrightPixel > curYPos + 1*speed ||
      topBrightPixel >= flip.height - sampleFloor) {
      state = 0;
      speed = speed + gravity;
    } else {
      state = 1;
    }
  }

  void update() {
    switch (state) {
    case 0:

      curYPos+=speed;

      if (curYPos > height + 50) {
        curYPos = random(-50, -200);
        speed=0;
      }
      break;
    case 1:
      //stop

      speed = speed * -0.8;
      curYPos+=speed;

      curYPos += 0.6* (topBrightPixel - prevYPos);

      break;
    }
    prevYPos = curYPos;
  }
}
```

13 가상 쇼핑 Virtual Shopping

- **난이도**: 중–상
- **키워드**: 카메라 영상 가져오기, 클래스
- **라이브러리**: video
- **설명**: 카메라 입력영상을 기반으로 특정한 색상을 추적하는 기술로 가상 쇼핑을 연출한 작품 예제이다. 먼저 추적할 색상을 마우스 클릭으로 지정한 후, 해당 색상이 화면의 각 사각형 영역에 위치하면, 사각형 색상과 같은 색상의 옷이 디스플레이 된다.

  가상 쇼핑에 대한 동영상을 참고하여 예제보다 발전된 작품을 구현해보자.

  * https://www.youtube.com/watch?v=XM9ZOWPeiAk

- **관련챕터**: 13장, 14장

 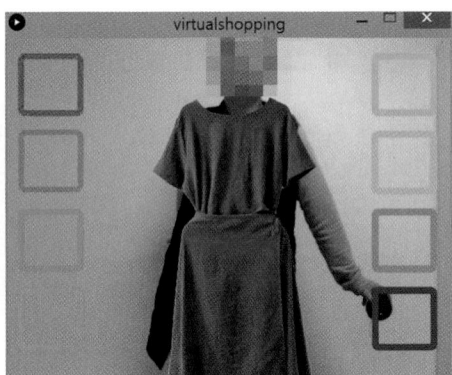

주요 코드

```
.....중략.....

void draw() {

 if (video.available()) {
    video.read();
    image(video, 0, 0, width, height);
    float worldRecord=500;
    int closestX=0;
    int closestY=0;

    for (int x=0; x<video.width; x++) {
      for (int y=0; y<video.height; y++) {
        int loc = x+y*video.width;

        color currentColor
          =video.pixels[loc];
        float r1=red(currentColor);
        float g1=green(currentColor);
        float b1=blue(currentColor);

        float r2=red(trackColor);
        float g2=green(trackColor);
        float b2=blue(trackColor);

        float d= dist(r1, g1, b1, r2, g2, b2);

        if (d<worldRecord) {

          worldRecord=d;
          closestX=x;
          closestY=y;
        }
      }

    }
```

```
if (worldRecord<10) {              // 색상 추적

        strokeWeight(2);
        stroke(255, 0, 0);
        ellipse(closestX, closestY, 30, 30);

// 추적하고있는 색상이 각 사각형 영역에 포함된다면, 해당 옷을 디스플레이
    if (530<closestX && closestX<610 && 25<closestY && closestY<115)
    {
      image(img1, 230, 90, 195, 350); //yellow
    }

    if (530<closestX && closestX<610 && 135<closestY && closestY<215)
    {
      image(img2, 160, 0, 380, 695); // babypink
    }
    if (530<closestX && closestX<610 && 245<closestY && closestY<325)
    {
      image(img3, 180, 60, 300, 550);// khaki
    }

    if (530<closestX && closestX<610 && 355<closestY && closestY<435)
    {
      image(img4, 150, 40, 350, 550); //brown
    }

.....중략.....

  void mousePressed() {                 // 마우스 클릭으로 추적할 색상 지정
      int loc=mouseX+mouseY*video.width;
      trackColor = video.pixels[loc];
}
```

프로그래밍에 처음 입문했을 무렵 느꼈던 막막함을 아직도 생생히 기억한다. 우리가 일상생활에서 사용하지 않는, 언어(language)라고 불리는 C, C++, Python 등을 배우면서, 언어 자체를 익히는 것도 쉽지 않았을 뿐 아니라, 이것을 어떻게 활용할 수 있을까 많은 고민과 도전을 했던 것 같다.

이 책에서 내내 설명한 대로, 프로세싱은 코드(Code)의 비주얼라이제이션(Visualization), 코드와의 인터랙션(Interaction)에 매우 강력한 툴이다. 단 몇 줄에 지나지 않는 코드로 프로그램(Program)이라는 것을 만들 수 있고, 이를 즉각적으로 확인할 수 있는 것이 장점이다.

같은 프로그램이라도 이를 어떻게 활용하는가 하는 것은 매우 중요한 문제이다. 그냥 많은 프로그래밍 언어 중 하나를 배운다 혹은 가르친다는 차원을 넘어, 이것으로 무엇을 할 수 있을까에 대해 늘 생각한다.

무엇을 할 수 있는지 전혀 모르는 상태에서 배우기만 한다면, 금새 흥미를 잃고 말 것이다.

프로그래밍이 무조건 '어렵다'는 선입견을 가지고 있다면, 그것을 깨는데 작은 도움이 되고자 하는 생각에 이 책을 집필하게 되었다. 또한 많은 수업을 통해서 학생들과 함께한 예제들과 그들이 구현한 작품들도 공유하고 싶었다. 물론 이 책 한권으로는 부족할 것이다. 앞으로도 계속 수정하고 보완하며 발전시킬 것이다.

끝으로 책에 도움을 준 서지수, 심혜인, 박준우에게 감사한 마음을 전한다.

프로세싱과 아두이노를 연동하여 작품 구현

프로세싱과 프로젝션 맵핑 프로그램을 연동

INDEX